clv

Wie der Herr mich führte

William MacDonald erzählt
aus seinem reichen Leben

cLv

Christliche Literatur-Verbreitung e. V.
Ravensberger Bleiche 6 · 33649 Bielefeld

1. Auflage 2018

© 2018 by CLV
Christliche Literatur-Verbreitung
Ravensberger Bleiche 6 · 33649 Bielefeld
www.clv.de

Satz: EDV- und Typoservice Dörwald, Steinhagen
Umschlag: Anne Caspari, Marienheide
Druck und Bindung: GGP Media GmbH, Pößneck

Artikel-Nr. 256370
ISBN 978-3-86699-370-9

Inhalt

Vorwort:
William »Bill« MacDonald – unbekannt und wohlbekannt (2. Korinther 6,9)

William MacDonald sprach kaum Deutsch, und trotzdem benutzte der Herr Jesus ihn in überreichem Maß zum Segen in Deutschland, Österreich und der Schweiz. Viele Lehrer, Älteste und Hirten in Gemeinden in diesen drei Ländern haben durch William MacDonald profitiert, durch seine Bücher, seine Vorträge und sein Vorbild. Er war hier gut bekannt.

Aber in der religiösen Welt war er unbekannt. In theologischen Werken und Fachzeitschriften suchte ich vergeblich nach Verweisen auf William MacDonald. Er wird nicht in solchen Werken zitiert. Dafür schrieb er zu einfach, zu verständlich. Aber genau das ist der Grund, warum seine Bücher so hilfreich sind und warum sie sich so verbreitet haben.

Sein Buch »Wahre Jüngerschaft« gibt es in über 50 Sprachen, insgesamt wurden bisher über eine Million Exemplare gedruckt. Den Emmaus-Fernbibelkurs »Was die Bibel lehrt« gibt es in ungefähr 90 Sprachen. Missionswerk Heukelbach hat in einer Auflage von 500 000 Stück das Heft »Die wichtigste Entscheidung« gedruckt. Vor 50 Jahren sagte Bill zu einem Missionar: »Ich habe einen Traum: Ich möchte einmal einen Kommentar zu jedem Buch der Bibel schreiben.« Dieses Gebet wurde erhört. Bills Kommentar zum Neuen Testament wurde 1989 veröffentlicht und seither in 35 Sprachen übersetzt, sein Kommentar zum Alten Testament in 25 Sprachen.

Auch junge Gläubige, mit viel oder wenig Lebensjahren, berichten, wie sie den Herrn durch den Dienst von Bill schätzen gelernt haben. Das höre ich immer wieder von Neubekehrten aus unserer Gegend. Dasselbe lese ich in Briefen aus der Mongolei, aus dem Kongo, aus Indien, Angola und Brasilien, Nepal und Honduras. Welche Weisheit ist in den 84 Büchern enthalten, die Bill geschrieben hat!

Einige von Bills Reisen führten ihn um die ganze Welt, und so hinterließen seine Vorträge auch bei uns Spuren für die Ewigkeit. Zuerst im Allgäu, später in Salzburg und München. 1992 verbrachte Bill drei Monate in Hallein bei Salzburg und hielt ungefähr 80 Vorträge. An diesen Rüstzeiten nahmen 70 Brüder teil.

Mit Jean Gibson arbeitete Bill 22 Jahre lang zusammen, und sie führten ein Trainingsprogramm durch, das DITP in San Leandro in Kalifornien. Die Betonung lag auf Unterweisung, Vorbild, gemeinsamen Diensten und Auswertung. Wir lernten dort in der Gemeinde wie ein Lehrling vom Meister an der Werkbank. Aus dem deutschen Sprachraum haben über 30 Brüder an dieser Ausbildung teilgenommen. Der Herr hat Jean und Bill gebraucht und sie motiviert, ihr Leben für uns auszugießen, sich für uns zu öffnen, damit wir von ihrem Vorbild lernen konnten.

Mich erinnert das alles an einen von Bills Lieblingsversen: »Und er [unser Herr Jesus Christus] hat die einen gegeben als ... und andere als Hirten und Lehrer, zur Vollendung der Heiligen, für das Werk des Dienstes, für die Auferbauung des Leibes des Christus« (Epheser 4,11.12). So stellt sich der Herr das vor: Die Heiligen führen das Werk des Dienstes aus. Angeleitet werden sie durch die Lehrer und Hirten. Dabei erleben die Heiligen den Herrn, sie tun das Werk des Dienstes. Auf diese Weise haben auch bei uns viele Menschen den Herrn gefunden, Gemeinden sind entstanden, Mitarbeiter wurden ausgebildet. Mit Bill hat uns der Herr wirklich eine Gabe gegeben, und wir sind dem Herrn dankbar dafür.

Leider steht uns noch keine Biografie über William MacDonald zur Verfügung. Im Herbst 1989 hielt er während einer Reise durch Deutschland zwei Vorträge mit dem Titel »Wie der Herr mich führte«. Diese Vorträge werden nun in diesem Büchlein herausgegeben, und wir hoffen, dass viele dadurch Einblick bekommen in das Leben des Mannes, der unbekannt war, und doch wohlbekannt. Am 25. Dezember 2007 ist uns Bill in die Herrlichkeit vorausgegangen. Aber er hat uns durch seine Predigten, seine Schriften und durch sein Vorbild ein Vermächtnis hinterlassen. Möge der Herr noch viele junge Männer und Frauen zu wahren Jüngern machen!

Andreas Lindner

Einleitung

William MacDonald erzählt:

Meine lieben Freunde! Der Apostel Paulus schreibt im 2. Korintherbrief, Kapitel 4, Vers 5:

»Denn wir predigen nicht uns selbst, sondern Jesus Christus als Herrn, uns selbst aber als eure Knechte um Jesu willen.«

Dieser Vers hat das schlimmste Predigtthema für die Welt, nämlich uns selbst. Und gleichzeitig das beste Predigtthema der Welt: Jesus Christus, unseren Herrn. Und ich bin da immer ein bisschen vorsichtig, wenn ich über mich selbst reden soll. Aber wenn ich dies zur Ehre des Herrn tun kann, dann macht es mir nichts aus.

Ein zweifaches Wunder

Als ich noch ein kleines Baby war, wurde ich auf meine Wange geküsst, und zwar von einer Krankenschwester, die Diphtherie hatte. Sie hatte die Krankheit zwar nicht selbst gehabt, doch sie war ein Träger von Diphtherie-Erregern[1]. Ich hatte die Infektion auf der einen Wange bekommen, und sie ging dann über die Nasenwurzel in das andere Auge. Und ich bin eine der ganz wenigen Personen, wenn nicht sogar die einzige Person, die je Diphtherie in den Augen hatte. Für gewöhnlich bekommt man diese Krankheit in der Kehle, und normalerweise hätte ich daran sterben müssen. Und selbst wenn ich am Leben geblieben wäre, dann hätte ich zumindest blind sein müssen. Aber meine Eltern beteten, und ein Wunder geschah:

---

[1] Die Diphtherie wird durch das giftstoffbildende Bakterium *Corynebacterium diphtheriae* ausgelöst und ist von Mensch zu Mensch durch Tröpfchen- und Schmierinfektionen übertragbar, beispielsweise durch engen Kontakt beim Niesen, Husten oder Küssen, selten auch über kontaminierte Gegenstände.

Meine Sehkraft wurde wiederhergestellt. Man muss wirklich an die Souveränität Gottes glauben. Gott wusste, dass er für mich eine Aufgabe hatte, und diese Aufgabe würde auch ziemlich viel mit meinen Augen zu tun haben. Und er sah es in seiner Gnade als richtig an, meine Sehkraft wiederherzustellen.

Jahre später – als ich Lehrer an der Emmaus-Bibelschule war – kursierte das Gerücht, ich hätte ein Glasauge. Es wurde gesagt, dass ich im Zweiten Weltkrieg ein Bomberpilot gewesen sei und bei einem Flugzeugabsturz ein Auge verloren hätte. Ich dachte mir dann, dass das ein so tolles Gerücht war, dass ich es niemals abgestritten habe. Und ich sagte, dass man mein Glasauge daran erkennen konnte, dass im Glasauge Mitleid zu lesen war.

Diphtherie bekommt man für gewöhnlich nur einmal, aber ich bekam sie zweimal. Im Alter von fünf Jahren lebte ich mit meinen Eltern in Schottland. Dann bekam ich auch Diphtherie im Hals. Ich wurde sehr, sehr krank. Es bildete sich eine Schleimhaut, die einen langsam erstickt. Mir ging es so schlecht, dass meine Mutter mir den Rücken zudrehte, um mich nicht sterben sehen zu müssen. In dem Augenblick, in dem sie mir den Rücken zudrehte, klopfte es an der Tür und mein Onkel kam vorbei, der Bruder meines Vaters. Er hatte bei sich zu Hause am Kamin gesessen und Psalm 91 gelesen. Und er bekam eine Verheißung des Herrn, dass ich leben würde. Und er klopfte an der Tür und hörte meine Mutter sagen: »Was ist los?« Er sagte: »*Ich will dir nur eines sagen: Der Junge wird nicht sterben, er wird am Leben bleiben. Eines Tages wird Gott auch seine Seele erretten.*« Er hatte in Psalm 91 gelesen:

»Weil er sich an mich klammert (oder: [in Liebe] an mir hängt), darum will ich ihn erretten … Ich will ihn sättigen mit langem Leben und ihn schauen lassen mein Heil!« (Psalm 91,14.16; Schlachter 2000).

Und mein Onkel hat das als Verheißung des Herrn in Anspruch genommen, dass ich gesättigt werden würde mit langem Leben und dass Gott meine Seele erretten würde. Zu dieser Zeit gab es keine medizinische Hilfe für meine Krankheit. Wir lebten weit entfernt von jedem Arzt oder Krankenhaus, aber ich bin genesen, und 13 Jahre später wurde ich gerettet.

Ich glaube, wenn wir in unserem Leben zurückblicken, dann können wir die Hand Gottes sehen. Und es wird uns klar, dass unser Gott ein souveräner Gott ist.

Ich wuchs in einer christlichen Familie auf. Als mein Vater von Schottland in die Vereinigten

Staaten auswanderte, war er ein guter Presbyterianer. Aber er war nicht errettet. Bei jeder Mahlzeit neigte er sein Haupt und dankte für das Essen. Und jeden Abend hielt er Familienandachten, das heißt, er las das Wort Gottes und er betete. Aber er war nicht errettet. Und das trifft oft zu auf Leute oben im Norden von Schottland. Auch wenn der Mann nicht errettet ist, würde es ihm nicht in den Sinn kommen, ins Bett zu gehen, ohne vorher mit den Seinen Familienandacht zu halten. Eines Tages – wir waren schon in Amerika – besuchte ein gläubiger Onkel von mir meine Eltern in Massachusetts. Als guter Presbyterianer neigte mein Vater sein Haupt und dankte für das Essen. Und dann sagte mein Onkel zu meinem Vater: »*Bist du Christ, William?*« Der antwortete: »*Nein, ich bin kein Christ.*« Mein Onkel antwortete: »*Nun, ich würde sagen, dass du gerade eine Sünde begangen hast, die ich noch nie begangen habe.*« »*Was für eine Sünde?*« Mein Onkel sagte: »*Du hast Gott gerade deinen Vater genannt, und er ist nicht dein Vater, wenn du nicht errettet bist.*« Und kurz darauf wurde mein Vater errettet. Dieses Wort öffnete seine Augen bezüglich seiner Not, nämlich dass er Errettung nötig hatte.

Bekehrung

Ich wurde in einer sehr, sehr strengen Familie aufgezogen. Meine Mutter hätte uns nie erlaubt, ins Theater oder zum Tanzen zu gehen, zu rauchen, Alkohol zu trinken oder uns sonstigen »weltlichen« Aktivitäten zu widmen. Jeder Sonntag war bei uns wie eine Beerdigung. Am Sonntag wollte meine Mutter nicht einmal einen Federhalter in die Hand nehmen. Sie sagte: »*Sonntag ist der Tag des Herrn. Wenn du den Herrn liebst, dann liebst du auch seinen Tag.*« Und deswegen habe ich kein besonderes Bedürfnis nach Errettung verspürt. Ich habe ein weit »frömmeres«, abgesonderteres Leben geführt als die meisten Christen. Doch als ich 18 Jahre alt war, wurde ich ganz, ganz tief von der Sünde überführt. Und Gott zeigte mir, dass das, was in mir selbst drin war, weit, weit schlimmer war als alles, was ich je getan hatte. Er zeigte mir ganz deutlich, was ich selbst war – wie ich es mir nie hätte träumen lassen. Und es war alles andere als ein schönes Bild. Aber er zeigte mir auch, dass Christus selbst für das gestorben war, was in mir drin war, nicht nur für das, was ich getan hatte. Und nach einer langen Zeit, während der ich tief unter dieser Überführung von meiner Sünde litt, vertraute ich schließlich auf Christus als meinen Erretter. Aber ich hatte keine Heilsgewissheit, weil ich nach Gefühlen suchte, die mir hätten sagen sollen, dass ich errettet bin. Und erst als ich gelernt hatte, dass Heilsgewissheit durch die Zusicherung des Wortes Gottes kommt und nicht aufgrund von Gefühlen, erst dann begann ich, mich an meiner Errettung zu erfreuen.

Eine große Gebetserhörung

Nachdem ich mit der Schule fertig war, traf Ende der 1920er-Jahre die Weltwirtschaftskrise die Vereinigten Staaten und ich konnte keine Arbeit finden, deswegen ging ich auf die Universität. Als ich mit der Universität fertig war, war die Weltwirtschaftskrise noch nicht vorbei und ich konnte immer noch keine Arbeit finden, und deswegen ging ich weitere zwei Jahre auf eine Wirtschafts-Universität. Als ich mit dieser Wirtschafts-Universität fertig war, hatte ich eine Arbeitsstelle in Aussicht, die ich unbedingt haben wollte. Ich war nämlich auf den Universitäten fürs Bankgeschäft ausgebildet worden, und zwar speziell als Wertpapieranalyst. Das war der Job, den ich mir immer schon gewünscht hatte. Wir hatten die ganze Weltwirtschaftskrise durchgemacht, und das waren sehr, sehr harte Zeiten. Und ich wollte so etwas nie wieder in meinem Leben je erfahren. Mein Ziel war, in das Börsengeschäft einzusteigen und

mit Aktien ein Vermögen zu machen und mich im Alter von 35 Jahren zur Ruhe zu setzen. Jetzt bin ich weit älter als 35 und immer noch nicht im Ruhestand. Ich habe einige Jahre in der Bank gearbeitet, und dann bombardierten die Japaner Pearl Harbor – und das bedeutete, dass alle von uns jungen Leuten plötzlich zur Armee eingezogen wurden. Wenn du einen nur einigermaßen funktionierenden Körper hattest, warst du schon in der

Armee. Aber diese Wirtschafts-Universität, an der ich meinen Abschluss gemacht hatte, hatte irgendwie eine Übereinkunft mit der Marine. Wenn man also an dieser Hochschule graduiert hatte, dann konnte man sich dort als Offiziersanwärter bewerben – und im Erfolgsfall konnte man bereits als Offizier in die Marine eintreten ohne vorherige Ausbildung, und das klang für mich ziemlich gut. Ich wollte lieber auf einem Schiff sein als in irgendeinem Schützenloch, und deswegen bewarb ich mich bei der Marine. Das bringt mich nun dazu, eines der großen Erlebnisse in meinem Leben zu erzählen, bei dem ich wirklich in wunderbarer Weise eine Gebetserhörung erfahren hatte. Ich glaube, ab dieser Zeit begann ich wirklich, den Herrn in meinem Leben praktisch zu erfahren. Die Armee war hinter mir her und wollte mich unbedingt einziehen, aber ich wollte Offizier bei der Marine werden. Und so begann ich zu beten. Und jeden Tag telefonierte ich von der Bank nach Hause und fragte: »*Ist Post von der Marine gekommen?*« Und meine Eltern antworteten immer nur: »*Keine Post.*« So ging das Tag um Tag, Woche um Woche, Monat um Monat. Und die Armee saß mir ziemlich dicht im Genick, und ich wurde langsam verzweifelt. Eines Abends las ich ein Buch, bevor ich zu Bett ging. Es hieß »*Durch die Bibel, Tag für Tag«.* Und dort las ich über Joseph und darüber, wie seine Brüder ihn in die Grube geworfen hatten, und zweifellos betete er dort. Und dann kam eine midianitische Karawane, und sie nahmen ihn aus der Grube heraus, und er bekam eine Gratis-Reise nach Ägypten. Und der Autor des Buchs sagte an dieser Stelle: »*Vielleicht bist du im Augenblick in einer Grube.*« Und ich sagte mir: »*Ganz gewiss bin ich das.*« Aber das Buch fuhr fort: »*Hab keine Angst! Bereits vor Monaten hat Gott eine Karawane in Bewegung gesetzt, und sie wird bei dir genau zum richtigen Zeitpunkt ankommen.*« Diese Karawane also, die Joseph aus der Grube befreite, war schon vor Monaten in Marsch gesetzt worden. Und die midianitischen Händler hatten ihre eigenen Gedanken, wie sie an verschiedenen Marktplätzen und Städten entlang des Weges halten würden, aber sie kamen genau bei der Grube an, in der Joseph war, und zwar genau zum richtigen Zeitpunkt. Ich las also: »*Hab keine Angst! Bereits vor Monaten hat Gott eine Karawane in Bewegung gesetzt, und sie wird bei dir genau zum richtigen Zeitpunkt ankommen.*«

Glückselig der, der glaubt, denn er wird nicht beschämt werden.[2]

---

2 Vgl.: »Und glückselig, die geglaubt hat, denn es wird zur Erfüllung kommen, was von dem Herrn zu ihr geredet ist!« (Lukas 1,45); »… sie vertrauten auf dich und wurden nicht beschämt« (Psalm 22,6).

Ich habe das Buch in der gerade beschriebenen Weise gelesen und es aufgeschlagen auf dem Tisch liegen lassen – und ich habe diese Verheißung vom Herrn in Anspruch genommen. Am nächsten Tag ging ich zur Arbeit, und an jenem Tag habe ich zum ersten Mal seit Langem *nicht* zu Hause angerufen. Ich hatte den Eindruck, es wäre ein Verrat meines Glaubens, wenn ich anrufen würde. Als ich dann abends nach Hause kam, sagte mein Vater zu mir: *»Da liegt ein Brief von der Marine.«* Ich sagte: *»Ja, ich weiß, ich habe ihn erwartet.«* Er fragte: *»Warum hast du ihn erwartet?«* Ich sagte: *»Geh nach oben in mein Zimmer und lies an der Stelle, an der das Buch aufgeschlagen ist.«* Und er kam herunter mit Tränen in den Augen. Selbst ihm war es klar gewesen. Gott kann eine Bibel verwenden, um uns zu führen. In diesem Fall verwendete er ein Andachtsbuch, und dieser Brief erreichte mich genau zur rechten Zeit. Ich öffnete den Umschlag, und die Einberufung zur Marine datierte viele Monate zurück. »Bereits vor Monaten hat Gott eine Karawane in Bewegung gesetzt, und sie wird bei dir genau zum richtigen Zeitpunkt ankommen.« Ich ging also zur Marine.

Eine harte Lektion

Ich habe mir nie sehr viel aus dem Meer gemacht. Im Allgemeinen bin ich immer ziemlich schnell seekrank geworden – und zwar ziemlich schlimm. Gott hat mich aber nicht auf ein Schiff geschickt. Ich kam zum Transportdienst, zum Lufttransportdienst der Marine. Ich hatte noch nie in meinem Leben auf einem Flugplatz gearbeitet. Aber so ist die Marine nun mal. Und ich wurde in Kansas City stationiert, und obwohl ich grundsätzlich Christ war, so war ich doch kein solcher Christ, der regelmäßig Zeugnis ablegte. Eines Abends ging ich in die Offiziersmesse. Und es gab nur einen einzigen anderen Offizier dort, der Pilot war. Er las seine Zeitung und aß sein Abendessen. Ich setzte mich ihm gegenüber. Auch ich hatte meine Zeitung und bestellte mein Abendessen. Und der Herr gab mir irgendwie einen Eindruck: »*Rede mit Max über seine Seele.*« Ich sagte: »*Herr, er ist gerade beim Abendessen. Er ist bestimmt nicht so sehr erfreut, wenn ich jetzt mit ihm über die Errettung seiner Seele rede.*« Ich machte also weiter mit meinem Abendessen. Und ein zweites Mal bekam ich wirklich einen sehr, sehr deutlichen Eindruck vom Herrn: *»Rede zu Max Knudsen über seine Seele.«* Ich sagte wiederum: *»Herr, er liest gerade seine Zeitung, er will nicht unterbrochen werden.«* Und ich legte nicht Zeugnis ab. An diesem Abend flogen Max und ein Co-Pilot mit ihrer Maschine auf einem Frachtflug an die Westküste. Sie starteten in Winslow, Arizona, und das Flugzeug verschwand. Man sandte Suchtrupps aus. Das Flugzeug wurde nicht gefunden. Monat um Monat verging. Ich fragte mich, wie ein Flugzeug verschwinden kann innerhalb der kontinentalen Grenzen der Vereinigten Staaten. Aber sie haben das Flugzeug nicht gefunden. Schließlich ging im Frühling ein Trupp Pfadfinder wandern in einer Gebirgsgruppe mit der Bezeichnung *San Francisco Peaks*. Dieser Gebirgszug hat nichts mit der Stadt San Francisco zu tun, sondern befindet sich in Arizona. Diese Pfadfinder sahen das Leitwerk eines Flugzeugs aus dem Schnee emporragen. Dann gingen sie ins Tal hinunter und berichteten es den Behörden. Und dann stiegen die Behörden hinauf und suchten, und sie fanden die Leichen von Max und seinem Co-Piloten. Das hat mich wirklich total getroffen. Der Herr sagte

mir, dass ich Max Zeugnis ablegen solle, und ich habe ihm kein Zeugnis abgelegt. Kurze Zeit später ging ich an unserem Hangar entlang, und auf dem Boden der Flugzeughalle war ein großes Segeltuch ausgelegt. Man hatte den Besitz von Max und von seinem Co-Piloten zurückgebracht, den Inhalt seiner Koffer, seine persönlichen Habseligkeiten. Und als ich mir die Sache dort anschaute, war es mir, als hätte mich ein Vorschlaghammer getroffen. Ich ging zurück in mein Zimmer, fiel auf meine Knie und habe den Herrn angefleht, dass dies nie mehr geschehen sollte.

Zwei Gebete – eine Bibelstunde

Ich wusste zu dieser Zeit bereits, dass ich versetzt werden sollte, und ich bat den Herrn, wohin auch immer ich käme, dass sich mir die Möglichkeit bieten sollte, eine Bibelstunde mit meinen Kameraden zu halten. Ich hatte bis dahin niemals eine Bibelstunde gehalten. Ich habe mir niemals irgendwie gewünscht oder daran gedacht, ein Lehrer zu sein oder zu werden. Ich wollte Bankier sein. Aber ich sprach dieses Gebet. Ich betete das Gebet – und manchmal gibt uns Gott bestimmte Gebete, die wir beten können und sollen. Dann wurde ich nach Oakland in Kalifornien versetzt, wo jetzt gerade vor ein paar Tagen das Erdbeben stattgefunden hat.[3] Und am ersten Sonntag, als ich dort in Oakland war, ging ich in die örtliche Versammlung. Man fragte mich: *»Wo bist du stationiert?«* Und ich sagte: *»An der Luftwaffenbasis der*

Marine.« Und die Geschwister antworteten: »*Da ist ein ganz feiner christlicher Bruder dort, sein Name ist Bob Hangkok.*« – »*Nun, in welcher Abteilung ist er?*« – »*Wir haben keine Ahnung.*« Ich fragte: »*Welches Abzeichen trägt er auf seiner Uniform?*« Sie sagten wiederum: »*Keine Ahnung.*« Am nächsten Tag ging ich also ins Personalbüro. Und ich stellte fest, dass es einen Bob Hangkok in der Nachschubabteilung gab. Ich war also ein Offizier, und er war »nur« jemand, der als einfacher Rekrut eingezogen worden war. Ich ging also dort zum Schreibtisch, und man fragte mich: »Können wir Ihnen helfen?« – »Ich würde gerne einen gewissen Hangkok sprechen.« Und dann kam dieser große Mann aus den Südstaaten an den Schreibtisch. Ich sagte: »*Sie sind Bob Hangkok?*« – »*Ja, Sir.*« – »*Ich höre, Sie sind Christ?*« Sein Gesicht strahlte auf: »*Ja, Sir, wie ist es mit Ihnen?*« Ich sagte: »*Ja, ich auch. Ich bin gerade an diesen Stützpunkt versetzt worden.*« Er meinte: »*Das ist aber interessant. Ich habe nämlich dafür gebetet, dass ein Christ hierherkäme, damit wir eine Bibelstunde auf diesem Stützpunkt anfangen können.*« Und dann stand mir plötzlich dieser Bibelvers vor Augen:

»Wenn zwei von euch auf der Erde übereinkommen werden über irgendeine Sache, welche sie auch erbitten mögen, so wird sie ihnen zuteilwerden« (Matthäus 18,19).

Ich hatte dieses Gebet in der geografischen Mitte der USA gebetet. Er hatte das Gebet drüben an der Westküste gebetet. Der Herr brachte uns zusammen. Das ist wunderbar. Und dann begann *er*, mir Befehle zu geben. Er sagte zu mir: »*Du bist der Ranghöhere, und du musst also zum Hauptmann gehen und ihn um Erlaubnis fragen.*« Ich ging also zum Hauptmann und sagte ihm, was wir gerne tun wollten. Er sagte: »*Nun ja, wir sind für alles, was irgendwie die Moral der Truppe fördert und erhält. Und wenn vielleicht Geld nötig ist, dann sagen Sie es uns nur.*« – »*Wir brauchen kein Geld, wir brauchen nur Ihre Erlaubnis.*« Er antwortete: »*Sie haben meine Erlaubnis.*« Dann fügte er hinzu: »*Aber es gibt einen protestantischen Kaplan, der jeden Sonntag hier rein- kommt. Sie werden auch seine Erlaubnis einholen müs- sen.*« Und da wusste ich: Jetzt würde es Schwierig- keiten geben! Denn die meisten protestantischen Kapläne waren liberal. Sie hatten keine Botschaft für die Leute und keine Liebe zum Herrn. So ging ich also dorthin, wo er sein Büro hatte. Es war in Alameda, einem anderen Marinestützpunkt in der Nähe von Oakland. Er fragte: »*Was kann ich für Sie tun?*« Ich sagte: »*Nun, es gibt einige von uns, die drü- ben im Marinestützpunkt von Oakland sind und gerne Bibelstunden halten würden.*« Ich hatte nicht gesagt, dass es nur zwei von uns waren. Er explodierte.

Er sagte: »*Bibelstunden? Ich komme jeden Sonntag dort hinüber.*« Und: »*Der Einzige, der dort auftaucht, ist der Klavierspieler. Und der wird bezahlt dafür.*« Ich hätte am liebsten erwidert: »*Wenn Sie nur das Evangelium predigen würden, dann würden die Leute schon kommen.*« Aber ich habe gedacht, dass es besser sei, den Mund zu halten. Und ich sagte: »*Keine Sorge, kein Problem. Ich wollte nur um Erlaubnis bitten.*« Und ich ging wieder. Ein paar Wochen später bekam ich einen Telefonanruf in mein Büro. Er sagte*: »Hier ist Leutnant Hamilton.*« Ich sagte: »*Wer bitte?*« Ich hatte ihn ganz vergessen gehabt. Er antwortete: »*Na ja, der Kaplan in Alameda.*« – »*Ah ja, alles klar, Sir.*« Dann erklärte er: »*Ich habe mit dem Hauptkaplan hier gesprochen. – Wir haben beschlossen, dass Sie mit Ihrer Bibelstunde anfangen sollten. Und das gilt dann als der protestantische Gottesdienst im Stützpunkt. Und ich werde nicht mehr rüberkommen.*« Das war ein Wunder. Mir ist nicht bekannt, dass so etwas in der Marine der Vereinigten Staaten je zuvor geschehen wäre. Es ist wunderbar, wenn man erlebt, wie Gott im Leben wirkt und arbeitet. Jeden Sonntagmorgen um neun Uhr also kam die Einladung über das öffentliche Lautsprechersystem: »*Bibelstunde um neun Uhr.*« Jeder, der kommen wollte, konnte sich freinehmen von seinem Job, den er gerade tat. Und eine Menge Jungs

kamen natürlich in diese Bibelstunden und mussten später raus auf den Pazifik, mit den Schiffen in
den Krieg. Viele kamen nie mehr zurück. Aber Gott
arbeitete in meinem Leben. Ich lehrte das Johannesevangelium Woche um Woche. Es schien mir,
als ob Gottes Stimme zu mir sprach: »*Dafür habe
ich dich geschaffen, Bill. Nicht, um Magengeschwüre
zu bekommen wegen des Geldes anderer Leute.*« Und
je mehr ich das Johannesevangelium lehrte, umso
tiefer wurde diese Überzeugung in mir.

Ins Werk des Herrn

Später war ich übrigens in Honolulu auf Hawaii stationiert. Dort haben wir Christen uns gegenseitig gute Bücher ausgeliehen. Eines Tages sagte mir ein Seemann: »*Hast du jemals was über C. T. Studd gelesen?*« – »*Nein.*« – »*Würdest du gern was über ihn lesen?*« Ich dachte, das Buch hätte einen furchtbar langweiligen Titel. Ich habe keinen Grund gesehen, warum ich je dieses Buch hätte lesen sollen. Und so fragte ich ihn: »*Warum? Meinst du, ich sollte es lesen?*« Er antwortete nur: »*Ja, ich meine, du solltest es lesen.*« Ich weiß nicht, wer dieser Mann war. Aber im Himmel werde ich ihn treffen. Und ich werde ihm danken für das, was er mir an jenem Tag gesagt hat. An jenem Samstagmittag habe ich mich aufs Gras gelegt und begonnen, dieses Buch zu lesen. Ich las über einen Kricketspieler in der englischen Nationalmannschaft, der seinen ganzen Sport und alle Ambitionen aufgab und ein Fanatiker für Jesus wurde. Er liebte wirklich den

Herrn. Er wollte ihm ganz und gar absolut nachfolgen. Er verliebte sich in ein Mädchen. Und er hatte Angst oder Sorge, dass sie vielleicht ihn mehr lieben würde als den Herrn Jesus, und deswegen verfasste er für sie einen Merkspruch und sagte zu ihr: »*Ich will, dass du das jeden Tag wiederholst.*« Und der Spruch lautete etwa so: »*Jesus, ich liebe dich so sehr, // mehr, als ich Charlie je begehr.*« Schließlich ging er nach China, später nach Indien. Und die letzten Jahre seines Lebens verbrachte er in Afrika. Und ich hatte niemals über jemanden etwas gelesen, der so hingegeben war an Jesus. Ich habe das Buch durchgelesen. Darin fand ich auch sein Lebensmotto. Er sagte: »*Wenn Jesus Christus Gott ist und für mich starb, dann kann mir kein Opfer für ihn zu groß sein.*« Als ich das gelesen hatte, hat es mich förmlich erschlagen. Ich fiel auf meine Knie und ich tat etwas zum ersten Mal in meinem Leben: Ich lieferte dem Herrn mein Leben zum Dienst aus. Meine kleine Banken- und Börsenwelt flog durchs Fenster, und Gott führte mich auf die Straße in Richtung höherer Dividenden.

Nach dem Krieg kam ich zurück aufs Festland der Vereinigten Staaten. Und ich schrieb der Bank, dass ich nie wieder zurückkehren würde. Und ich schrieb ihnen auch, warum.

Gottes Timing ist vollkommen

Aber jetzt musste ich herausfinden: Was war der Wille des Herrn in Bezug auf meinen Dienst für ihn? Was sollte ich tun? Und so nahm ich eine Arbeit an als stellvertretender Leiter einer christlichen Buchhandlung. Doch selbst in dem Augenblick, als ich diese Stelle annahm, wusste ich: Das wird nicht meine Lebensaufgabe sein. Das war etwas, was ich so lange tun würde, bis Gott mir seinen Willen deutlich offenbaren würde. Kurze Zeit später bekam ich eine Einladung, die Stelle eines Lehrers an der Emmaus-Bibelschule in Toronto anzutreten. Ich schrieb ihnen auf diese Einladung zurück: *»Ich habe gerade eine Stelle hier in dieser Buchhandlung angefangen, und deswegen kann ich jetzt nicht kommen, aber vielleicht ergibt sich später eine Möglichkeit, dann werde ich es gerne tun. Betet so lange darüber.«* Und wiederum vergingen Monate. Und ich betete. In der Buchhandlung wurden die Dinge immer schwieriger. Es gab ziemliche große

Personalkonflikte. Und ich hatte langsam genug davon. Eines Morgens sagte ich ihnen, dass ich weggehen würde. Und sie sagten: »*Bitte geh nicht weg. Dr. Ironside, der Präsident, will mit dir reden.*« Ich wartete also. Und der liebe Dr. Ironside kam, und wir haben darüber gesprochen. Und ich erklärte mich bereit, weiter zu bleiben. Und dann, 1947, war ich eines Abends auf meinen Knien. Und dieser Vers kam wirklich in Vollmacht zu mir: »*Abraham [...] zog aus, ohne zu wissen, wohin er komme*« (Hebräer 11,8). Und mein Weg schien zu sein: »*Verlass die Buchhandlung. Sag es drei Wochen vorher, und ich werde dir zeigen, was ich möchte, dass du tust.*« Ich brauche wohl nicht extra zu sagen, dass ich in dieser Zeit in sehr, sehr tiefem Gebet stand. Denn wenn ich von dem Buchladen weggehen würde, hätte ich keine sichtbaren Mittel mehr, um meinen Lebensunterhalt zu bestreiten. Aber Gott sagte: »*Abraham [...] zog aus, ohne zu wissen, wohin er komme.*« Also kündigte ich bei der Buchhandlung und wartete darauf, dass Gott mir seinen Willen offenbaren würde. Während dieser drei Wochen besuchte mich ein Freund von der Ostküste, und wir gingen zum Abendessen in ein Restaurant. Und er wusste überhaupt nichts von den Herzensübungen, die ich durchmachte. Plötzlich sagte er mir: »*Bill, ich mache mir Gedanken, was du mit deinem Leben anfängst.«* Und ich sagte: *»Wie meinst du das, Don?«* Er sagte: *»Ich mache mir Gedanken darüber – ich habe den Eindruck, dass du vielleicht an der Emmaus-Bibelschule lehren sollst.«* Ich hatte darüber bereits zwei Jahre gebetet. Und hier kommt ein Mann, der sagt mir das aus heiterem Himmel ins Gesicht. Aber ich habe nichts gesagt. Leute mit schottischem Hintergrund zeigen nie ihre Gefühle. Ich sagte: *»Höchst interessant, was du da sagst.«* Gegen Ende dieser drei Wochen gab es eine Glaubenskonferenz in einer der drei örtlichen Versammlungen. Ich hatte dort den Büchertisch zu betreuen. Einer der Redner war der Präsident der Emmaus-Bibelschule[4]. Ich hatte ihn nie vorher getroffen. Als ich zur Konferenz ging, kam er auf mich zu und sagte: *»Wir würden gerne mit dir reden.«* Und die Konferenz lief, Tag für Tag, und

---

4 Die Emmaus-Bibelschule (heute *Emmaus Bible College* in Dubuque, Iowa) wurde 1941 in Toronto gegründet.
  Der Unterricht begann als Abendschule unter den drei Gründern R. E. Harlow, John Smart und Earnest Tatham. 1942 begannen Fernbibelkurse für Männer und Frauen in den US-amerikanischen Streitkräften. 1945 begann der vollzeitige Ganztagsunterricht in Toronto. 1947 wurde ein Campus in Chicago, Illinois, eröffnet. 1953 wurde R. E. Harlow zum Präsidenten ernannt. Es folgte der Zusammenschluss des Campus von Toronto mit dem Campus von Chicago. Der gesamte Unterricht fand von dort an in Oak Park, Illinois, statt. 1959 wurde William MacDonald der zweite Präsident der Emmaus Bible School. 1965 folgte ihm John Smart, einer der drei Gründer, als dritter Präsident. 1976 wurde Daniel H. Smith vierter Präsident. 1984 wurde die Emmaus Bible School zum Emmaus Bible College. 2000 wurde Kenneth A. Daughters der fünfte Präsident. Seit 2013 ist Philip Boom der sechste Präsident.

nichts wurde mehr zu mir gesagt. Schließlich, gegen Ende der Konferenz, kam er zu mir und sagte: »*Bill, schau her, die Konferenz ist bald vorbei und wir haben immer noch nicht geredet. Können wir vielleicht in ein Restaurant gehen und miteinander reden?*« Ich sagte: »*Gewiss!*« Und so redeten wir, und er sagte: »*Schau, vor zwei Jahren haben wir dich eingeladen, nach Toronto zu kommen.*« Ich sagte: »*Ja, ich weiß.*« Er fuhr fort: »*Nun ja, natürlich, diese freie Stelle ist bereits besetzt.*« Wieder sagte ich: »*Ja, ich weiß.*« Und er erklärte: »*Ende des Monats möchten wir eine Schule in Chicago eröffnen und – ganz offen gesagt – wir haben überhaupt kein Personal dafür.*« Und dann fragte er mich: »*Könntest du kommen?*« Ich sagte ihm: »*Diese drei Wochen, seit ich in der Buchhandlung gekündigt habe, sind genau heute vorbei. Gottes Timing ist absolut vollkommen!*« Aber dann fügte er hinzu: »*Es gibt nur ein Problem dabei.*« Er sagte: »*Die Leute, die bei uns in der Bibelschule lehren, sind alle der Gnade Gottes anbefohlene Arbeiter.*« Er sagte: »*Es gibt kein Gehalt. Wir haben kein festes Einkommen. Man muss einfach kommen und dem Herrn vertrauen.*« Und er fragte mich: »*Möchtest du kommen, um mit uns zusammen zu hungern?*« Und: »*Würdest du deine Ältesten um eine Empfehlung für dich bitten?*« Ich sagte ihm: »*Ich kann das im Neuen Testament aber nicht sehen.*« Er erwiderte freundlich:

»Würde es dir etwas ausmachen, wenn ich sie bitten würde?« – »Nun, das hier ist ein freies Land, ich kann dich nicht davon abhalten«, war meine Antwort. Er ging also zu meinen Ältesten, und sie riefen mich zu sich. An diesem Abend lernte ich eine sehr gute Lektion. Sie sagten: »Bill, du bist am Überlegen, ob du zur Emmaus-Bibelschule gehen sollst. Du hast darüber viel gebetet.« Doch sie fügten hinzu: »Aber sag uns: Warum hast du deine Herzensübungen uns nicht mitgeteilt?« Und in diesem Augenblick wusste ich, dass mein Verhalten falsch war. Ich hätte zu meinen Ältesten gehen sollen, und ich hätte sie um Gebetsunterstützung bitten sollen. Aber ich habe das nicht getan. Dennoch waren sie sehr freundlich und liebevoll. Ich kann mich nicht mehr an alles erinnern, was dort in dieser Zusammenkunft gesagt wurde, aber einer von ihnen sagte: »Ich kann nur eines sagen: Wann immer die Türen unseres Versammlungslokals offen waren, war Bill hier bei uns, es sei denn, er hat woanders einen Termin zum Predigen gehabt.« Ich sage das nicht, um mich damit zu verherrlichen, aber vielleicht ist es eine Hilfe für manche jungen Leute hier. Als ich treu die Versammlungsstunden besucht habe, habe ich das nicht getan in der Hoffnung, später einmal der Gnade Gottes anbefohlen zu werden. Ich habe es getan, weil ich es für richtig gehalten habe. Aber

als der Zeitpunkt kam, um der Gnade Gottes anbefohlen zu werden, da war das eine gute Sache.
Im September 1947 verließ ich also Kalifornien. Ich
ging nach Chicago, um an der Emmaus-Bibelschule einen Posten als Lehrer anzunehmen und
ein Leben des Glaubens zu führen. Ich hatte von
nirgendwoher, von keiner Seite, eine Garantie
auch nur auf einen Cent. Ich war überhaupt nicht
bekannt. Aber ich war davon überzeugt, dass Gott
mich berufen hatte. Und ich glaube, dass Gott für
das bezahlt, was er bestellt. Und ich möchte heute
bezeugen, dass Gott treu darin war, für alle meine
Bedürfnisse zu sorgen. Bis zum heutigen Tag weiß
ich nicht, wo von Woche zu Woche mein Geld her-
kommt. Aber es kommt jedenfalls immer. Und ich
habe, seit ich im Werk des Herrn bin, mehr Geld,
um es für das Werk des Herrn zu geben, als ich als
Bankier je übrig hatte. Dem Leben im Glauben ist
nichts vergleichbar. Eine Menge von Leuten heute
möchte gerne ein Gehalt haben. Ich kritisiere sie
nicht. Wenn sie das wollen – in Ordnung. Aber ich
sage nur: Es ist einfach wunderbar, ganz auf den
Herrn geworfen zu sein. Der »Freigelassene des
Herrn« (1. Korinther 7,22) zu sein. In der Lage zu
sein, umsonst Gottes Wort zu predigen und nie-
manden im Rücken zu haben, der einen mit seinem Geld kontrolliert. Für uns gibt es ein Sprich-

wort: *»Wer auch immer die Musik bezahlt, der bestimmt, was gespielt wird.«* Aber ich will, dass Gott die Melodie bestimmt, die ich spiele. Und ich möchte Gottes Wort auch dann predigen, wenn es nicht populär ist. Und das ist Teil meines Zeugnisses heute. Seit September 1947, bevor die meisten von euch überhaupt geboren waren, lebe ich im einfachen Vertrauen auf den Herrn, und ich versuche durch die Gnade Gottes, alles in das Werk des Herrn zu investieren, was über meine direkten unmittelbaren Bedürfnisse hinausgeht. Und ich habe nie erlebt, dass ich irgendwie in finanzieller Not gewesen wäre. Für die Welt ist so etwas lächerlich. Wenn ich zur örtlichen Bank gehen würde und um ein Darlehen bitten würde, würde mich der Berater fragen: *»Wie viel werden Sie nächstes Jahr verdienen?«* Und ich müsste dann sagen: *»Ich habe nicht die geringste Idee.«* Dann würde er fragen: *»Woher kommt Ihr Geld?«* – Ich würde sagen: *»Keine Ahnung!«* Und dann würde er wahrscheinlich den Psychiater anrufen, um mich in die Nervenklinik zu bringen. Ich würde für ihn ein ganz schlimmes Kreditrisiko sein. Aber Freunde, ich möchte euch eines sagen: Ich wäre ein weit besseres Kreditrisiko als eine Menge Leute mit einem regelmäßigen Einkommen. Gottes Weg ist der beste Weg. Und wirklich: Ich habe ein herrliches Leben geführt. Ich bin nicht damit zufrieden, was ich für den Herrn getan habe. Aber ich bin völlig zufrieden mit dem, was er für mich getan hat. Und wenn ich zurückschaue, wie er mich geführt hat, hätte ich es auf keine andere Weise gewünscht.

Die Gebetsnächte

Ich erzähle jetzt über die Zeit an der Emmaus-Bibelschule. Wir waren ungefähr 15 Kilometer entfernt vom Moody-Bibelinstitut. Und wir hörten von einer Gruppe von fanatischen Studenten dort in jener Bibelschule. Und sie waren so fanatisch, dass sie Gebetsversammlungen hatten, die die ganze Nacht über gingen. Und ich dachte: *Hoffentlich treffe ich nie mit ihnen zusammen. Gebetsversammlungen die ganze Nacht! Wie kann man eine ganze Nacht beten?* Meine ganzen Gebetsanliegen habe ich normalerweise in einer halben Stunde durchgebetet. Dann gingen eines Abends drei von unserem Lehrpersonal dorthin. Am nächsten Morgen kamen sie zurück. Und einer kam in mein Büro herein, und er marschierte vor und zurück wie ein Löwe im Käfig. Und ich fragte: *»Was nagt an dir?«* Und er sagte: *»Diese Gebetsversammlung letzte Nacht.«* – Ich sagte: *»Erzähl mir was davon!«* Aber er sagte: *»Ich kann nicht. Das* *musst du unbedingt selber erleben. Ich kann dir nur sagen: Einer von diesen Burschen dort hat angefangen, für Russland und den Eisernen Vorhang zu beten. Und als er mit dem Gebet fertig war, hat Chruschtschow wie ein Gartenzwerg ausgesehen.«* Und ich sagte nur: *»Wow!«* Und wir hörten immer wieder neue Sachen von diesen Leuten. Sie hatten den Namen *»Send the light!«* (»Sende das Licht!«). Ich wusste nicht, was ich davon halten sollte. Natürlich glaubte ich an Gebet auf allgemeine Weise. Und da kam eines Tages ein ziemlich hagerer, magerer unscheinbarer Bursche in mein Büro. Er kam aber herein wie ein Wirbelsturm und ging wieder hinaus wie ein Hurrikan. Er stellte sich vor als ein gewisser George Verwer. Und dann wusste ich: Ich würde Probleme bekommen. Ich fragte ihn: *»Um was geht's?«* Er antwortete: *»Ich möchte gern, dass wir in Emmaus solche Gebetsversammlungen haben, die die ganze Nacht durchgehen sollen.«* Ich sagte: *»Warum? Was ist los mit dem Moody-Institut?«* Und er sagte: *»Also, die haben ein bisschen ein eigenartiges Gefühl dabei, dass Jungs und Mädchen die ganze Nacht da draußen sind ohne einen Aufpasser.«* Aber die hätten sich keine Sorgen machen brauchen. Keiner von diesen jungen Leuten hatte irgendeinen Gedanken an Verliebtsein oder dergleichen. Das kann ich euch versichern. Sie beteten wirklich mit todernstem Gebet. Jedenfalls sagte George Verwer: »*Wir würden lieber in die Emmaus-Bibelschule kommen mit unseren Gebetsversammlungen während der ganzen Nacht.*« Und ich erwiderte ihm: »*Ich kann dir die Erlaubnis leider nicht geben. Ich muss da erst mit dem übrigen Lehrpersonal Rücksprache halten.*« Aber ich sagte: »*Ich werde sie jedenfalls um die Erlaubnis bitten.*« Und das Lehrpersonal sagte dann: »*Ja, sie können ihre Gebetsversammlung haben, solange es irgendeine Aufsichtsperson gibt.*« Und was meint ihr, wer der Aufpasser geworden ist? Ich fing also an, auch bei diesen Gebetsversammlungen dabei zu sein. Ich habe niemals solche Zusammenkünfte mitgemacht, weder vorher noch nachher. Sie begannen um neun Uhr am Freitagabend und dauerten ohne Unterbrechung bis zum Samstagmorgen um sieben Uhr. Es waren nicht nur lauter Gebete. Sie sangen, gaben Zeugnisse, dann redeten sie von der Arbeit in Mexiko. Und dann bildeten sie kleine Gruppen und beteten für Mexiko. Dann plötzlich gab es einen Bericht über Spanien. Dann bildeten sie kleine Gruppen und beteten für Spanien. Aber ich habe noch nie solche Gebete gehört. Eines Abends war ich mit einer Gruppe von jungen Leuten zusammen, und sie beteten für Jugoslawien. Und dann machte ich meine Augen auf, und ich sah Tränen auf dem

Boden. Junge Leute, echte Amerikaner durch und durch, die für Jugoslawien Tränen vergossen! Ich habe noch nie wegen Jugoslawien geweint. Ich wusste nicht mal, was für eine Sprache dort gesprochen wird. Und dann saßen diese Jungs dort, und sie weinten für Jugoslawien. Eines Abends, es war kurz vor Weihnachten – und überall wurden die Christbäume angezündet, und all diese Lichter, und all dieses Glitzerzeug –, konnte ich George hören, wie er in einer dieser kleinen Gruppen betete. (Wenn er betet, kannst du ihn hören.) *»Herr, ich hasse Weihnachten. Ich hasse Weihnachten. Ich wünschte, die Christbäume würden umfallen und auf die Leute fallen, um sie endlich wachzurütteln für diese enorme Verschwendung.«* Und ich sage euch, »die Stätte erbebte« (Apostelgeschichte 4,31)! Ich war bei jeder dieser Gebetsversammlungen dabei.

Vom Gebet zur Tat – Gott bestätigt

Dann sagte der Herr nach einer Weile zu mir: »*Nun, du hast jetzt lange genug darüber gebetet, warum tust du nicht etwas?*« Und deshalb begann ich mich zu fragen, ob ich 1964 die Emmaus-Bibelschule verlassen sollte und nach Übersee gehen und umherreisen sollte, um Gottes Wort weiterzugeben. Aber wie konnte ich das sicher wissen? Wie erfährt man Gottes Führung in einer solchen Situation? Ich begann wiederum zu beten. Ich hatte meine Herzensübungen niemand anderem mitgeteilt. Aber ich begann zu beten. Im Oktober 1964 schrieb ich einem unerretteten Freund in New York. Ich schrieb, dass ich irgendwie den Gedanken hatte, mit einer Gruppe von unbekannten Leuten nach Übersee zu gehen und dem Herrn zu dienen, aber alles worauf ich noch wartete, war »grünes Licht«. Das war am 26. Oktober. Aber ich bekam keine Antwort auf meinen Brief. Weihnachten bekam ich eine Weihnachtskarte von ihm und seiner Frau. Aber ich bekam keine Antwort. Am 1. Januar 1965 hatte ich eine ganz gewisse Antwort, dass Gott mein Gebet erhören würde. Ich ging auf meine Knie und sagte: »Herr, bestätige deine Führung durch den Mund von zwei oder drei Zeugen.[5] Herr, wenn du mir nur irgendwie einen Beweis deines Willens gibst, könnte ich ihn vielleicht übersehen. Aber wenn du mir zwei oder drei Hinweise gibst, dann werde ich es bestimmt nicht übersehen.« Und so betete ich weiter. Am 9. Februar bekam ich einen Brief von meinem unerretteten Freund in New York. Er arbeitete für eine Werbeagentur. Und nachdem er einen ziemlich langen Brief verfasst hatte, schrieb er am Ende: »Dein Brief vom 26. Oktober, der inzwischen schon Eselsohren hat, liegt immer noch vor mir … Du wartest auf ›grünes Licht‹ vom Herrn … Dein Brief erreichte mich zu einem Zeitpunkt, als wir eine Werbebroschüre entwickelten für eine europäische Reiseagentur.« Und er schrieb schließlich: »Wenn alles, worauf du wartest, ein ›grünes Licht‹ vom Herrn ist, warum machst du nicht diesen Slogan, der auf der Broschüre steht, zu deinem Motto?« Und aus dem Umschlag rutschte die Broschüre heraus. Und darauf stand gedruckt: »Warum bis irgendwann warten? Es ist so einfach, jetzt nach Europa zu reisen!« Diese

---

5 »Aus dem Mund von zwei oder drei Zeugen wird jede Sache bestätigt werden« (5. Mose 19,15; Matthäus 18,16; 2. Korinther 13,1).

Broschüre habe ich immer noch zu Hause. Und auf dem Titelblatt waren die Flaggen von allen Ländern Europas. Und in der rechten unteren Ecke war die Flagge der Türkei, des Landes, an dem ich zu diesem Zeitpunkt am meisten interessiert war. Also stell dir mal vor, du würdest beten um die Führung Gottes und so etwas würde dir passieren – was würdest du dann denken? Ich jedenfalls ging auf die Knie an jenem Abend und ich sagte: »*Herr, ich glaube, dass du geredet hast. Aber vergiss nicht: Ich habe um zwei oder drei Zeugen gebetet.*« Am nächsten Tag bekam ich einen Brief von einem ehemaligen Schüler der Emmaus-Bibelschule. Er war Kfz-Mechaniker. Und ich hatte gehört, dass er ebenfalls nach Übersee gehen wollte, um dem Herrn zu dienen. Ich hatte ihm eine kleine Gabe der Gemeinschaft gesandt. Und er schrieb mir einen Dankesbrief, den ich nun am 10. Februar bekam. Der Kfz-Mechaniker war ein ziemlich humorvoller Bursche. Und in dem Brief schrieb er: »*Der Herr hat schon lange genug immer nur die Infanteristen ausgesandt. Ich warte auf die Zeit, wann er endlich einmal die schweren Geschütze rausschickt – so wie dich zum Beispiel!*« Ich dachte: Das ist ja höchst interessant. Aber es war die Stimme Gottes, die zu mir redete. An jenem Abend ging ich auf die Knie und sagte: »*Herr, ich habe um zwei oder drei Zeugen gebetet. Du hast mir zwei gegeben, das ist genug. Ich werde gehen.«* Am 11. Februar, dem nächsten Tag, geschah etwas. Ich kann nicht alle Einzelheiten erzählen, denn dann würden andere in einem schlechten Licht dastehen – aber es war ein weiteres Zeugnis vom Herrn. Auch an jenem Abend ging ich auf meine Knie. Und ich sagte: *»Herr, ich bin ziemlich dumm, aber so dumm bin ich auch wieder nicht. Ich hatte um zwei oder drei Zeugen gebeten, und du hast mir drei gegeben.«* Und als ich also dann das Flugzeug bestieg, um nach Luxemburg zu fliegen, da wusste ich, dass ich im Zentrum des Willens Gottes stand. Ich brauchte mich nicht darum zu sorgen, ob das Flugzeug vielleicht abstürzen würde. Und selbst wenn es abgestürzt wäre, dann wäre der Absturz im Zentrum des Willens Gottes gewesen, nicht wahr?

Gottes Humor

Ich möchte gerne eine interessante Geschichte erzählen über den Mann, der mir den zweiten Brief geschrieben hatte, diesen Kfz-Mechaniker. Er hörte von der Arbeit, die dort in Belgien statt-fand. Und sie brauchten verzweifelt Mechaniker, die diese verrosteten Blechkisten von Operation Mobilisation irgendwie instand halten sollten. Und er betete darüber. Er hatte eine Frau und fünf Kinder. Und er fragte sich, ob der Herr vielleicht wollte, dass er nach Europa ging. Und er überlegte sich, wie er in dieser Sache den Willen des Herrn erkennen könnte. Ziemlich früh an einem Sonn-tagmorgen – er schlief noch – klingelte es an der Tür. Es war ein junger Mann, der in Belgien arbei-tete, und er reiste gerade in den Vereinigten Staa-ten umher. Er hatte einen Scheck bei sich, und der Scheck musste irgendwie eingelöst werden, und er hörte von diesem Kfz-Mechaniker und er dachte: *»Vielleicht kann der mir helfen, den Scheck einzulösen.«*

Und so begannen auch bei ihm »die Glocken im Hirnkasten zu läuten«. Und dann kam eines Tages George Verwer und blieb bei mir in Chicago über Nacht. Und er sagte: »*Bill, ich gehe nach Toronto. Dienstag werde ich zurück sein.*« Und dann schrieb George an diesen Kfz-Mechaniker: »*Ich werde nach Toronto gehen und ich werde dort einige Versammlungen abhalten. Warum kommst du mit deiner Frau nicht auch nach Toronto und wir können vielleicht zusammen einiges bereden.*« Und Frank und seine Frau beschlossen, nach Toronto zu fahren, um George dort sprechen zu hören. Aber nach der Versammlung drängte sich die ganze Menschenmenge um George. Und sie hatten nicht die Gelegenheit, persönlich mit George zu reden. Doch dann kam George und sagte zu ihnen: »*Wir haben eine längere Gebetszeit drüben im nächsten Haus – möchtet ihr mitkommen?*« Und sie gingen mit George in dieses eine Haus, um an einer langen Gebetsversammlung teilzunehmen. Um drei Uhr morgens etwa sagte Franks Frau zu ihm: »*Meinst du nicht, dass es Zeit ist, nach Hause zu fahren? Sollen wir nicht zurückfahren nach Buffalo?*« Und plötzlich rannte George auf sie zu. – Frank hatte sich ja gefragt: »*Wie werde ich wissen können, dass der Herr mich führt?*« Er hatte gebetet: »*Herr, wenn du es so führst, dass George unter meinem Dach übernachtet, dann weiß ich, dass du mich führst.«* Er hat »das Vlies ausgelegt« (vgl. Richter 6,36-40). Ich weiß nicht, ob es richtig ist, »das Vlies auszulegen«, oder nicht. *»Also, Herr, wenn George jemals vorbeikommt und in meiner Wohnung oder unter meinem Dach bleibt, dann weiß ich: Es ist dein Wille, dass ich gehen soll.«* Und dann kam George zu ihnen und sagte: *»Hört mal her, wenn ich mit euch nach Buffalo fahren könnte, dann könnte ich einen viel billigeren Flug nach Chicago bekommen.«* Und sie antworteten: *»Wunderbar, wir fahren jetzt gleich nach Buffalo, komm doch mit uns!«* Aber als sie in Buffalo ankamen, da war es wirklich zu früh, um George zum Flughafen zu fahren. Sein Flugzeug würde erst in einigen Stunden abfliegen. Und sie sagten: *»George, warum kommst du nicht einfach mit uns in unser Haus und wartest dort, bis es Zeit ist für deinen Flug?«* George ging also mit zu ihnen. Sie hatten fünf Kinder, und sie mussten also die ganzen Kinder in den Betten »umschichten«. Und schließlich stellte sich heraus, nach und trotz der ganzen Organisation, dass Frank und George im gleichen Bett schlafen mussten. Und George ist einer von diesen Leuten, der legt sich flach ins Bett und legt seinen Kopf nach hinten, und sofort schläft er ein. Und Frank blieb dort neben ihm wach. Und der Herr sprach zu ihm: *»Okay, Frank, George ist nicht nur unter deinem Dach, sondern er ist* *auch im gleichen Bett mit dir. Was soll ich noch für dich tun?«* Da brauche ich wohl nicht mehr zu sagen, als dass diese Familie ihre Sachen gepackt hat und nach Europa ging, um dem Herrn zu dienen.

Führe ein Tagebuch!

Ich will hier eine Pause machen, um etwas ein-zuflechten. Eines in meinem Leben bedauere ich: dass ich kein Tagebuch darüber geführt habe über die wunderbaren Gebetserhörungen Gottes in mei-nem Leben und seine wunderbaren Führungen. Und ich sage das zu eurem Besten. Ihr seid noch jung, wo ihr noch nicht so vergesslich seid, und ihr meint, ihr vergesst nichts, aber auch *ihr* vergesst etwas. An einige der Dinge erinnere ich mich noch, aber oft vergesse ich Details und Einzelheiten. Und ich würde euch wirklich ans Herz legen: Wenn ihr euch dem Herrn anvertraut und ausliefert zum Dienst, führt ein kleines Tagebuch über diese Dinge. Nicht, um euch selbst zu verherrlichen – sondern um ihn zu verherrlichen! Ich habe jetzt ziemlich viel über mich selbst geredet, und ich mag das nicht. Als junger Mann schrieb ich vorne in meine Bibel hinein: »*Bewahre mich klein und un-bekannt, geliebt und gelobt von Christus allein.*« Das

ist immer noch mein Ziel. Aber wenn einige dieser
Dinge zur Ehre des Herrn gesagt werden können,
dann ist es gut. Jemand ging mal zu Dr. H. A. Ironside und machte ihm ziemlich viele Komplimente,
und der erwiderte: »*Nun, ich werde das an Jesus wei-
tergeben.*« Und so sollten wir auch denken. Geben
wir alles an Jesus weiter.

Klare Führung hält

Ich glaube, das erste Mal war ich 1965 bei Operation Mobilisation (OM) gewesen, und nachdem ich in Zaventem in Belgien gelandet war, zeigten sie mir mein »Schlafzimmer«. Es war der Dachstuhl einer Fabrik. Und dann schlief ich auf dem Boden mit 60 jungen Burschen. Sie alle schnarchten, aber leider nicht in Harmonie. Und ich lag auf dem Boden und fragte mich selbst: »*Was machst du hier, MacDonald?*« Es war zwei Uhr morgens, und ich war immer noch nicht eingeschlafen. Und schließlich zog ich den Ruf Gottes doch irgendwie in Zweifel. Aber dann erinnerte ich mich aufs Neue daran, wie definitiv und speziell dieser Ruf Gottes gewesen war. Und das ist es, was mich aufrechterhalten hat. Und ich erzähle das für den Fall, dass jemand hier gerade eine ähnliche Erfahrung durchmacht. Ich persönlich meine, dass es sehr wichtig ist, eine definitive Führung des Herrn zu haben. Die Welt ist am Untergehen. Aber das allein ist noch nicht Grund genug, auf das Missionsfeld zu gehen. Wir müssen in dieser Hinsicht wirklich eine konkrete definitive Führung vom Herrn haben. Und wenn wir diese haben, dann erhält uns das aufrecht, wenn wir plötzlich auf Durststrecken kommen. Und es kommen sehr oft Durststrecken. Dann ist es sehr gut, wenn wir zurückblicken können und sagen können: »*Ich bin hier, weil Gott mich hierher gestellt hat.*« Und wenn Gott uns dorthin gestellt hat, dann wird er uns dort auch aufrechterhalten und bewahren. Sein Wille führt uns niemals wohin, wo seine Gnade uns nicht aufrechterhält.

Gottes Bestätigung per Einschreiben

Damals verbrachte ich neun Monate in Übersee mit OM. Mein Terminplan führte mich überallhin in Europa, auch nach Osteuropa und bis hinunter in die Türkei und den Nahen Osten. An jedem Morgen hielt ich Bibelstunden und abends Zusammenkünfte in den jeweiligen örtlichen Gemeinden. Als ich wieder in die Vereinigten Staaten zurückkam, habe ich ausgesehen wie ein lebender Leichnam. Aber es war eine sehr wertvolle Erfahrung. Ein paar Jahre später habe ich eine sehr, sehr konkrete und deutliche Last vom Herrn gespürt, wieder zurückzugehen nach Übersee, nämlich nach Europa und besonders Osteuropa. Und gleichzeitig setzte mich George Verwer unter starken Druck, auf eines der Missionsschiffe von OM zu gehen (die »Logos« oder die »Doulos«). Und ich betete wirklich ernsthaft, und ich bekam keinen Frieden darüber, auf ein Schiff zu gehen. Ich habe ja schon erzählt, dass ich ziemlich anfällig bin für Seekrankheit. Einmal redeten zwei Seeleute auf Deck miteinander, und einer von ihnen war sehr, sehr seekrank. Und der andere sagte: »*Mach dir keine Sorgen. Niemand ist jemals an Seekrankheit gestorben.*« Er erwiderte: »*Sag das bitte nicht. Das Einzige, was mich bis jetzt am Leben erhalten hat, ist meine Seekrankheit.*« Aber George wollte, dass ich auf das Schiff kam und dort Bibelstunden abhielt. Doch ich hatte festgestellt, dass die Leute auf dem Schiff alle in verschiedenen Schichten arbeiteten und ich Tag für Tag immer ein anderes Publikum haben würde. Und so überließ ich es dem Herrn. Aber ich musste George einen Brief schreiben und seine Anfrage beantworten. Und so schrieb ich ihm: »*Lieber George – und so weiter –, weißt du, ich habe wirklich nicht den Eindruck, dass ich auf ein Schiff gehen soll, aber ich habe Herzensübungen, ob ich vielleicht nach Osteuropa gehen soll.*« Ich habe den Brief zugeklebt, die Briefmarke draufgeklebt und mich zum Postamt aufgemacht. In meinem Briefkasten lag ein kleiner gelber Zettel vom Postamt. Darauf stand, dass sie versucht hatten, einen Einschreibebrief für mich abzugeben, aber leider war niemand zu Hause gewesen. Ich ging nun also zum Postamt, a) um den Brief an George einzuwerfen und b) um den Einschreibebrief abzuholen. Und ich sehe mich noch, wie ich Georges Brief in den Schlitz eingeworfen habe und danach zum anderen Schalter gegangen bin, um dort diesen Einschreibebrief abzuholen. Hatte ich die richtige Entscheidung getroffen? Manchmal fragt man sich das schon. Zuweilen ist die Führung sehr klar, dann wieder ist sie überhaupt nicht klar. Ich öffnete den Brief, und der Brief war von einem russischen Christen namens Paul Mabenko. Er war Klempner im Hilton-Hotel in Chicago, und der Brief enthielt einen Scheck über 1000 Dollar – es war das erste Mal, dass ich jemals 1000 Dollar auf einmal bekommen hatte. Er schrieb dort: *»Lieber Bruder Bill, ich habe gerade eine Dividende von meiner Lebensversicherung ausgeschüttet bekommen und ich habe Herzensübungen darüber, dass du wieder nach Osteuropa zurückgehen solltest!«* – und das zeigte mir, dass die Führung wirklich von Gott war. Ist es nicht wunderbar, dass Gott so etwas tun kann? Das exakte Timing meiner Bewegungen! Ich hatte gerade den Brief an George eingeworfen, und ein paar Augenblicke später hatte ich den anderen Brief aufgemacht, und es war die Bestätigung für das, was ich in dem ersten Brief geschrieben hatte.

Eine Panne rettet die Papiere

Ich möchte andere Beispiele von erhörtem Gebet erzählen, nicht notwendigerweise nur aus meinem eigenen Leben. Vor einigen Jahren war George in Kathmandu in Nepal, und er wollte von dort aus mit dem Flugzeug nach London fliegen. Das Team dort rief also ein Taxi, und sie legten dann die Koffer von George in den Kofferraum des Taxis. Er raste zum Flughafen und stieg ins Flugzeug, und plötzlich wurde ihm klar, dass er seine Schultertasche mit sehr wichtigen Papieren im Kofferraum des Taxis vergessen hatte. Was konnte er tun? Er flog weiter nach London. Am nächsten Tag bestieg ein anderer von den jungen Leuten dort, Ron Penny, einen Bus, um von Kathmandu nach Indien zu fahren. Der Bus fuhr ein paar Kilometer und hatte dann eine Panne. Und die ganzen Leute stiegen aus dem Bus aus und versuchten, den Bus wieder zu reparieren mit Gummibändern und Kleiderbügeln und dergleichen, und sie sind ein paar Kilometer weitergefahren. Wiederum eine Panne. Diesmal versuchten sie es mit Draht und anderen Dingen. Wiederum eine Panne. Wieder ein paar Kilometer – und wieder dasselbe Spiel. Ron sagte sich: »*Auf diese Weise werde ich nie nach Indien gelangen.*« Und so nahm er seinen Koffer aus dem Bus und ging auf die andere Straßenseite, um auf einen Bus zu warten, der aus Indien kam. Der Bus kam, und er fuhr nach Kathmandu zurück, und als er in Kathmandu schließlich aus dem Bus ausgestiegen war, rief er ein Taxi. Erinnern wir uns: George Verwer ist im Flugzeug unterwegs nach London, und er betet über seine Schultertasche. Ron Penny öffnet den Kofferraum des Taxis – und was meint ihr wohl, was er dort gefunden hat? George Verwers Schultertasche! Wenn wir an all die Taxis denken, die es in Kathmandu gibt, und all die Haltestellen, die sie überall anfahren, und wenn wir an die Tatsache denken, dass die Fahrer nicht gerade für ihre Ehrlichkeit bekannt sind – ist es da nicht wunderbar, dass es ausgerechnet dieses Taxi war, das Ron Penny bekommen hatte! Georges Gebete waren erhört worden, und die Schultertasche war völlig intakt.

Verkaufe dein Gut

Zu jener Zeit – ich muss es sagen, es war wirklich ein Werk des Heiligen Geistes – war ich der Präsident der Emmaus-Bibelschule, und George kam des Öfteren, um mich zu besuchen. Es war immer eine ziemlich aufregende Erfahrung, wenn er mich besuchte. Ich hatte eine ziemlich umfangreiche Bibliothek. Ich hatte unter anderem die 34-bändigen Gesammelten Schriften von John Nelson Darby. Ich habe sie nie gelesen, und ich habe auch niemals vorgehabt, sie zu lesen. Aber dadurch, dass ich sie besaß, habe ich wie ein Gelehrter ausgesehen. Und eines Tages kam George in mein Büro, und er schaute sich um und sah alle meine Bücher. Er sagte: »*Bruder MacDonald, hast du all diese Bücher gelesen?*« Ich sagte: »*Nein, ich habe sie nicht alle gelesen.*« Und dann versuchte er es noch einmal und sagte: »*Weißt du, was in all diesen Büchern drinsteht?*« Und ich merkte, wie sich langsam die Schlinge um meinen Hals zusammenzog.

Und ich sagte: »*Nein, ich weiß nicht, was in all diesen Büchern drinsteht.*« Und dann wollte er noch etwas sagen, aber er saugte die Worte gleichsam wieder in seinen Mund zurück, bevor er sie aussprechen konnte. Und ich sagte: »*George, wenn der Herr dir etwas auferlegt hat, was du mir sagen sollst, dann sag es bitte!*« Und dann sagte er: »*Bruder MacDonald, wenn ich diese ganzen Bücher sehe, dann kann ich dabei an nichts anderes denken als an Seelen von Menschen.*« Was meinte er damit, mit »Seelen«? Er sagte: »*Es sind manche Bücher hier, die du nie gelesen hast und die du auch nie lesen wirst. Warum verkaufst du sie nicht und lässt das Geld für den Herrn arbeiten?*« Das meinte er mit »Seelen von Menschen«.

Nebensächlich?

An einem anderen Tag kam George in mein Büro, und es war ein sehr, sehr kalter Wintertag. Er hatte einen uralten Mantel an, der wahrscheinlich aus dem Heilsarmee-Laden stammte. Manche Leute, die zeigen uns ihre Möbel und sagen: »*Das ist ein echtes, was weiß ich, Biedermeier-Möbelstück von 1830.*« Aber dieser Mantel war jedenfalls aus der »Heilsarmee-Periode«, und George hatte auch einen ausgefransten alten Koffer. Darin hatte er aber keine Kleider, sondern nur lauter Bücher. Ich sagte: »*George, wo gehst du hin?*« Er sagte: »*Ich gehe zum Wheaton-College. Ich werde zu den Studenten sprechen.*« Ich sagte: »*George, ich fahre dich dahin, wo der Bus nach Wheaton abfährt.*« Wir stiegen also ins Auto und fuhren zur Bushaltestelle. Es gab aber keinen Parkplatz. So fuhr ich also um den Block herum und suchte einen Parkplatz. Aber es gab keinen. Und dann wollte ich also auf den bewachten Parkplatz fahren, wo ich etwas hätte bezahlen müssen. George sagte: »*Fahr nicht da rein!*« – »*Und warum nicht?*« – »*Da muss man doch bezahlen!*« – »*George, ich lass dich hier nicht in der Kälte herumstehen und auf einen Bus warten, der nach Wheaton geht.*« Er sagte: »*Fahr wieder um den Block!*« – »*George, ich bin bereits um den Block herumgefahren!*« – »*Fahr noch einmal um den Block!*«

Ich glaube, er betete auf dem ganzen Weg um den Block. Als wir zurückkamen, war ein Parkplatz direkt vor der Bushaltestelle frei, und ich wartete mit ihm dort, bis der Bus kam. Er stieg aus dem Auto, nahm seinen Koffer und sagte zu mir: »*Bruder MacDonald, wenn mir jemand sagen würde, dass es 1000 Dollar am Ende von fünf Wohnblocks gäbe und ich sie bekommen könnte, wenn ich auf meinen Händen und Knien diese fünf Blocks entlangkriechen würde, würde ich auf meinen Händen und Knien dorthin kriechen. Aber auf dem Weg dorthin würde ich immer an Seelen denken.*« Und dann überließ er mich meinen Gedanken. Sein Denken war wie ein Computer, der alles in Seelen konvertierte. Es ist kein Wunder, dass Gott auf eine solch gewaltige Weise durch ihn gewirkt hat.

Polarisierende Persönlichkeit

Einmal redete George mit einem unserer Studenten. Er sagte: »*Wenn ich wirklich glauben würde, dass ich für einen Cent zwölf Traktate bekommen kann und zwölf Traktate verwendet werden können zur Errettung von zwölf Seelen, dann würde ich keine fünf Cent für irgendeine Tafel Schokolade ausgeben.*« Natürlich wurde dadurch unsere Studentenschaft ziemlich polarisiert. Die Leute waren entweder dafür oder dagegen. Aber das Ganze hatte einen gewaltigen Einfluss und enorme Auswirkungen auf ihr Leben.

Ein großer Gewinn

Einmal war ich in Bangkok in Thailand. Ich war dort bei einem jungen Mann namens Billy Bray. Er diente dort dem Herrn, aber schrieb auch Artikel für zwei Nachrichtenmagazine. Und er hatte vor Kurzem einen ziemlich hohen Scheck bekommen und ihn eingelöst. Wenn er zur Bank ging, ging er immer an den gleichen Schalter und schrieb als Unterschrift immer »Billy Bray, Phil 1,21«. Einfach »Phil«. Eines Tages fragte ihn der Schalterbeamte: »*Warum schreiben Sie hinter Ihren Namen immer ›Phil 1,21‹?*« Er sagte: »*Dies ist mein Lebensvers, denn für mich ist ›das Leben Christus und das Sterben Gewinn‹.*« Eines Tages ging Billy zum Abendessen ins Hotel »Oriental«. Aber als er wieder ging, vergaß er seine Tasche mit dem Scheckbuch darin. Einer der Kellner nahm die Tasche und fand das Scheckbuch, und er schrieb einen Scheck aus mit einer ziemlich großen Summe. Den Scheck unterzeichnete er mit »Billy Bray«. Und von allen Bankangestellten ging er ausgerechnet zu jenem Schalterbeamten, zu dem Billy Bray immer ging. Und der Schalterbeamte schaute sich den Scheck an, er schien in Ordnung zu sein, unterschrieben mit »Billy Bray«. Aber »Phil 1,21« stand nicht drauf. Deshalb rief der Beamte Billy Bray an, und als Billy in die Bank kam, nahm der Kellner Reißaus. Und »Phil 1,21« sparte Billy Bray ein paar Tausend Dollar. Es ist wunderbar, wie der Herr auf diese Weise wirkt.

Die Gebete einer Mutter

Und wisst ihr: Das alles begann damit, dass eine Witwe, eine alte Witwe betete. Sie lebte in New Jersey. Sie hatte zwei Jungs. Sie gingen in die Oberschule, und es war eine ziemlich üble Oberschule. Und sie hat ihre Knie völlig verbraucht für ihre beiden Jungs. Einmal betete sie, dass Gott diese Oberschule irgendwie heimsuchen würde, dass er sie mit seiner Errettung heimsuchen würde und dass von dieser Oberschule Segnungen ausgehen würden in die vier Enden der Erde. Sie wohnte in einem ziemlich kleinen Häuschen. Eines Tages arbeitete sie draußen in ihrem kleinen Gärtchen. Und sie sah vor ihrem Gärtchen einen Jungen, der eine dieser Gips-Halskrausen hatte, wie man sie manchmal nach einem Unfall tragen muss. Und der Herr legte es ihr aufs Herz, für diesen Jungen zu beten. Sie wusste nicht, wer er war. Und einer ihrer Dienste war, dass sie immer zum Bahnhof hinunterging, und dort hatte sie einen Trak-

tat-Ständer, den sie immer mit Traktaten auf-
füllte. Dieser Junge mit der Halskrause nun ging
eines Tages in den Bahnhof und nahm aus dem
Ständer eines der Traktate heraus. Später ging er
dann wieder in die Schule, und einer seiner Mit-
schüler gab ihm ein Johannes-Evangelium. Das
war der Sohn der Frau, die betete. Gott war am
Wirken, nicht wahr? Dieser Junge mit der Halskrause hatte pornografische Schriften verkauft.
Ich glaube, ungefähr 19 andere arbeiteten für ihn.
Aber Gott wirkte in seinem Leben. Und dann gab
es eine große Evangelisation im Madison Square
Garden in New York City, und er besuchte diese
Evangelisation und wurde dabei errettet. Und der
Evangelist damals war George Verwer. Wir sollten niemals die Gebete einer Frau unterschätzen.
Sie betete, Gott möge diese Oberschule mit seiner
Segnung heimsuchen, dass davon Segensströme
ausgehen sollten in alle vier Enden der Erde. Sie
lebt immer noch. Wir haben einander öfter Briefe
geschrieben. Sie betet immer noch.

Ein vergessener Small Talk

Einmal war ich unterwegs in Frankreich mit drei Reisebegleitern, und in Paris mussten wir am Nordbahnhof umsteigen. Wir mussten ein paar Stunden auf unseren Zug nach Brüssel warten. Und diese Jungs nahmen ihre Gitarren aus dem Koffer und begannen, christliche Lieder zu singen dort im Gare du Nord von Paris. Und davon wurden andere junge Leute angezogen. Und einer von den Brüdern kam zu mir und sagte: *»Dieser Junge hier ist aus Chicago.«* Ich fragte ihn: *»Wie heißt du?«* Er antwortete: *»Terry Foley.«* – *»Wo lebst du in Chicago?«* Es stellte sich heraus, dass seine Wohnung nur zwei Wohnblocks von der Versammlung entfernt war, die ich besuchte. Ich sagte zu ihm: *»Terry, nichts passiert aus Zufall! Es ist kein Zufall, dass wir uns gerade hier im Nordbahnhof von Paris begegnen.«* Und er sagte zu mir ziemlich empört: *»Glauben Sie im Ernst, dass Sie mich erretten können hier in einem Bahnhof von Paris?«* Ich sagte ihm: »*Terry, ich könnte nicht mal eine Mücke retten, geschweige denn dich. Aber ich will dir eines sagen: Gott redet zu dir!*« Wir mussten weitergehen, um unseren Zug zu bekommen. Wir verabschiedeten uns von Terry.

Ein paar Jahre später diente ich dem Herrn in Irland, und von dort musste ich für kurze Zeit wieder nach Hause fliegen, und am Sonntagmorgen besuchte ich in Chicago die Versammlung. Ein junger Freund, Dan Erickson, kam zu mir. Er sagte zu mir: »*Ich möchte dir meinen Freund vorstellen, Terry Foley!*« – »*Terry Foley?*« Irgendwie kam mir dieser Name bekannt vor, aber wo habe ich ihn denn bloß gehört gehabt? Und dann dämmerte es mir langsam. Ich fragte ihn: »*Terry, hab ich mal mit dir geredet in einem Pariser Bahnhof?*« Und dann erinnerte er sich. Er war nach Hause gekommen. Entschuldigung, ich sollte in der Geschichte etwas zurückgehen. Terry reiste damals weiter durch Frankreich und wollte dann weiter nach Wien. Unterwegs per Autostopp nahmen ihn Christen mit. Sie legten ihm Zeugnis ab. Und sie erzählten ihm von einem Sommerlager, das sie in Colorado in den USA im Sommer hatten, und dann setzten sie ihn dort ab, wo er hinwollte. Als er nach Hause in die Vereinigten Staaten kam, hatte er im Sommer frei, und er erinnerte sich an dieses Sommerlager in

Colorado. Er dachte sich: *Warum sollte ich nicht mal dort hingehen?* Er war römischer Katholik, aber das machte keinen Unterschied. Gott war am Wirken. Er besuchte das Sommerlager und genoss es offensichtlich. Und am letzten Tag, da stand er allein am Swimmingpool. Jemand kam zu ihm, begann ein Gespräch mit ihm und führte ihn in dessen Verlauf zum Herrn Jesus. Und später habe ich ihn dann in der Versammlung in Chicago wiedergetroffen. Ist es nicht herrlich, wie wunderbar Gott die Fäden seines Gewebes zusammenbringt? Als ich Terry wiedergetroffen habe, war er bereits mit christlichem Dienst beschäftigt. Aus der Finsternis zu seinem wunderbaren Licht (1. Petrus 2,9)!

So arbeitet Gott. Wunderbare Beispiele göttlicher Führung! Während ich auf dem Weg war, führte mich der Herr.

Ich denke, ich überlasse es jetzt besser euch, Fragen zu stellen, und dadurch werden mir weitere Dinge wieder in den Sinn kommen.

Fragen

Frage 1: Arbeiten Sie heute noch mit OM zusammen?

Ich war niemals offiziell bei OM. Ich war einfach ein Bibellehrer, der mit den Teams arbeitete und ihnen irgendwie geholfen hat, aber ich war niemals offiziell bei OM. Und meine Arbeit jetzt nimmt mich so sehr in Anspruch, dass ich eigentlich gar keine Zeit für andere Dinge mehr habe.

Frage 2: Sie haben vorige Woche von Ihrer Mutter erzählt, dass sie in der einen Hand die Bibel hatte und in der anderen den Lederriemen. Würden Sie diese Erziehungsmethode den jungen Müttern auch empfehlen?

Nun, ich wurde erzogen auf den Knien, dem Knie meines Vaters und dem Knie meiner Mutter. Meine Eltern glaubten an das Buch der Sprüche, und das Buch der Sprüche sagt, wenn wir

unsere Kinder nicht züchtigen, dann hassen wir sie
(z. B. Sprüche 13,24 u. a.). Und sie züchtigten uns.
Und ich bin heute dankbar dafür. Und ich habe nie
irgendeinen Gedanken gehabt, gegen meine Eltern
zu rebellieren. Wir wussten, dass sie uns liebten.
Wir wussten, dass es zu unserem Besten war. Und
heute danke ich Gott einfach dafür. Die moderne
Psychologie sagt: »Züchtige deine Kinder nicht.
Du wirst ihrer Entwicklung schaden, du wirst

ihre Persönlichkeit verdrehen.« Aber die Bibel ist wahr. Susanna Wesley, die Mutter von John Wesley, sagte: »*Wenn du deine Kinder züchtigst, dann hilfst du Gott zur Errettung ihrer Seelen. Wir müssen ihren Eigenwillen brechen, aber nicht ihren Charakter.*« Gott muss unseren Eigenwillen brechen, ehe er uns retten kann. Und so können Eltern Mitarbeiter Gottes sein bei der Errettung der Seelen ihrer Kinder. Wir hatten ein junges Ehepaar, das zu uns kam mit drei Jungs. Und sie waren wirklich wild. Man hat es gemerkt, wenn sie in der Versammlung waren. Man wünschte sich, sie wären lieber nicht da gewesen. Aber wir versuchen, solchen Leuten zu helfen. Wir geben ihnen Seelsorge, Beratung, Liebe, und sie bekommen auch Unterricht darin, wie man eine christliche Familie führt. Ich besuchte sie vor Kurzem. Als ich neulich nach längerer Zeit wieder in unsere Versammlung kam, konnte man kaum glauben, dass es die gleichen Jungs waren. Der Vater sagte mir: »*Wenn ich jetzt die Jungs nicht züchtige, dann haben sie den Eindruck, ich liebe sie nicht.*« Die Bibel ist doch wahr, oder? Und die Leute sollten einfach zurückkehren zum Buch der Sprüche. In unserem Land muss man in dieser Hinsicht sehr vorsichtig sein. Wenn du ein Kind züchtigst und irgendwie ein Mal auf seinem Körper zurückbleibt, dann kann der Staat dein Kind wegnehmen. Wir hatten eine Familie in unserer Versammlung mit einem 13 Jahre alten Mädchen, das wirklich sehr rebellisch war. Der Vater hat das Mädchen gezüchtigt. Und sie hat es den Behörden mitgeteilt, und der Staat hat sie weggeholt. Sie sagen: *»Die Seelen deiner Kinder mögen vielleicht Gott gehören, aber ihr Körper gehört dem Staat.«* Wir müssen also sehr, sehr vorsichtig sein. Aber die meisten unserer christlichen Eltern glauben an biblische, von Liebe motivierte und geprägte Zucht und sind überzeugt von Zucht.

Frage 3: Mich interessiert, wie Sie von Chicago nach Fairhaven (einer christlichen Gemeinde in San Leandro in der Gegend von San Francisco) gekommen sind und wie die Situation in der Gemeinde war, als Sie dort hinkamen?

1972 machte ich einen Besuch in Kalifornien. Ich war es gewohnt, regelmäßig der Versammlung, die mich der Gnade des Herrn anbefohlen hatte, Berichte über meinen Dienst zu geben. Einmal redete ich mit zwei Brüdern von Fairhaven. Und wir sprachen über den sich verschlimmernden Zustand der Versammlungen in den Vereinigten Staaten und den großen Mangel an starker geistlicher Führerschaft. Wir sagten: *»Wie können* *wir dem entgegenwirken? Und anstatt die Finsternis zu verfluchen, warum zünden wir nicht einfach eine Kerze an?«* Und das war sozusagen der Anfang dieses Jüngerschaftstraining-Programms (DITP – Discipleship Intern Training Program). Wir begannen, Pläne zu schmieden. Und ich zog dann nach Kalifornien, um beim Planen zu helfen. Und wir planten, im September 1973 zu beginnen. Jean Gibson hatte eine sehr wichtige Arbeitsstelle bei einem Pharma-Unternehmen. Und ich sagte: *»Pass auf, Jean, das kostet dich vielleicht deinen Job.«* Er meinte nur: *»Ich bin dazu bereit.«* Im März 1973 fragte Jean seinen Chef: *»Wie lange muss ich noch arbeiten, falls ich das Unternehmen verlassen möchte?«* Und der Chef sagte: *»Sie müssen mindestens noch zwei Jahre bleiben.«* Die Firma hatte gerade eine neue Produktlinie angefangen, nämlich chirurgische Einweg-Instrumente, das heißt, dass der Arzt dann zum Beispiel einfach zu der Krankenschwester sagen konnte: *»Ein Blinddarm-Operations-Besteck!«* Und dann konnte er dieses Einweg-Besteck für die Operation verwenden und danach direkt wegwerfen. Und Jeans Firma wollte unbedingt möglichst große Marktanteile bekommen, bevor die anderen Konkurrenten da einstiegen. Und sie sagten zu Jean: *»Wenn Sie für uns nach Columbus, Ohio, gehen, dann werden wir für Sie Gemeinderäume bauen,* *damit Sie dann in Ihrer Freizeit Ihren Leuten predigen und ihnen etwas beibringen können.*« Aber Jean war nicht interessiert daran. Und dann fragte er wiederum seinen Chef: »*Also, wie lange brauchen Sie mich noch?*« Und der Chef sagte: »*Wie gesagt: zwei Jahre.*« Und Jean meinte: »*Ja, ich weiß, aber jetzt mal ernsthaft: Was ist das absolute Minimum, was ich der Firma unbedingt noch geben muss?*« Dann sagte der Chef: »*Sechs Monate!*« Sechs Monate, das wäre dann September des Jahres 1973. Und der Chef fügte hinzu: »*Ich beneide Sie!*« Mit anderen Worten: Jean stieg aus der Tretmühle aus. Und Jean gab Zeugnis vor seinem Chef. Und auch als Jean die Firma verlassen hatte, ging er gelegentlich nach Columbus, Ohio, um dort zu predigen, und sein Chef kam, um ihn zu hören. Und dann sagte er zu Jean: »*Ich überlege, mich pensionieren zu lassen.*« Aber Jean meinte: »*Sie sollten sich über etwas anderes Gedanken machen als einfach nur eine eventuelle Frühpensionierung. Sie sollten lieber über Ihre Beziehung zu Jesus Christus nachdenken!*« Ein paar Monate später habe ich mit Jean zu Abend gegessen, als das Telefon klingelte. An diesem Tag war sein ehemaliger Chef tot umgefallen. Er hatte niemals sein Vertrauen auf Christus gesetzt.

Jedenfalls begannen wir mit dem Programm 1973. Wir konnten in der Schrift sehen, dass der

Herr nur wenige – nämlich zwölf – Jünger für sein intensives Training auserwählte. Wir wollten im Rahmen einer örtlichen Versammlung arbeiten, wollten nicht irgendwie eine neue Organisation anfangen. Und dann bekamen wir Bewerbungen. Fred Colvin war mit anderen in dieser ersten Klasse. Mehr als 15 Prozent derer, die dieses Programm durchlaufen haben, sind heute als Missionare auf dem Missionsfeld im Ausland. Viele andere sind im vollzeitlichen Dienst in ihren Heimatländern, und wir hoffen, dass es noch mehr werden.

Ich sollte vielleicht einen Vorfall erzählen, der geschah, als ich mit dem Auto unterwegs nach Kalifornien unterwegs war. Ich fahre nicht gerne Auto, denn ich bin nicht besonders geistesgegenwärtig. Ich schweife sehr oft ab in meinen Gedanken und bin leider nicht allzu konzentriert auf das, was ich tue. Und ich kann die Entfernungen nicht so gut abschätzen. Aber ich erzähle meinen Mitfahrern das normalerweise nicht, bis wir gesund angekommen sind. Als wir auf dieser Fahrt schließlich nach Colorado kamen, fragte mein Begleiter Bill McCartney mich: *»Möchtest du gerne, dass ich das Steuer übernehme bis nach Kalifornien?«* Ich dachte mir: *Wunderbar, einen solchen christlichen Bruder bei mir zu haben.* Und so nahm ich Bills Angebot an. Als wir schließlich nach Wyoming kamen, gab es einen Blizzard, einen Schneesturm, ziemlich dicht am Boden. Der Schnee kam nicht von oben herunter. Er lag bereits am Boden, aber der Wind trieb diesen Schnee einfach hin und her. Und man konnte kaum sehen, wo es hinging. Und so fuhren wir dahin in unserer alten Kiste. Und all die neuen Autos haben entlang der Straße geparkt, und bei ihnen allen war irgendwie der Motor abgestorben. Ich habe mich zunächst ziemlich überlegen gefühlt: Meine alte Mühle war noch am Fahren, aber die anderen sind nicht mehr weitergekommen, so dachte ich mir. Aber bald hat auch mein Auto zu husten begonnen. Und dann schließlich ist es ebenfalls stehen geblieben. Auch wir mussten an den Straßenrand fahren. Der Wind blies den Schnee einfach unten hinein, und dadurch wurde der Motor ganz feucht. Ich habe noch nie einen derartigen Schneesturm erlebt. Was hätten wir tun sollen? Bill machte die Motorhaube auf, und der Wind blies die Motorhaube beinahe vom Auto weg. Ich stieg aus, und jedes kleine Schneeflöckchen war wie eine Nadel, die uns ins Gesicht gepustet wurde, weil der Wind so stark war. Ich sagte: »Bill, steig wieder ein!« Aber er meinte: »Ich glaube, ich kann das in Ordnung bringen.« Ich sagte noch einmal: »Nein, Bill, steig bitte *ins Auto!«* Ich hätte beinahe meine Heiligkeit verloren. Er stieg nun tatsächlich wieder ins Auto, und wir begannen zu beten. In einer solchen Situation lernt man wirklich beten. Das beste Gebet kommt von einer starken inneren Not. Und hier waren wir in der Mitte von nirgendwo. Es war nicht gerade das Ende der Welt, aber an einem klaren Tag hätte man von dort das Ende der Welt sehen können. Aber wir beteten. Wir öffneten unsere Augen und schauten in den Rückspiegel. Und siehe da – direkt hinter uns war ein Abschleppwagen geparkt! Ich konnte es nicht glauben. Wir hatten keinen Abschleppwagen gerufen. Wir hatten nicht einmal für einen Abschleppwagen gebetet. Aber direkt hinter uns war ein Abschleppauto. Der Mann stieg aus und kam zur Fahrertür, wo Bill saß. Seine Sprache war nicht gerade gepflegt. Er brummte: *»Jemand hat mich hierher gerufen. Es war meine letzte Fahrt heute, und dann sind die einfach abgehauen – und jetzt bin ich hier.«* Dann fragte er: *»Soll ich euch irgendwie abschleppen?«* – *»Wie viel kostet es bis zur nächsten Stadt?«* – Er antwortete: *»Einen Dollar pro Meile.«* Achtzehn Meilen. Für mich war es das Geschäft des Jahrhunderts! Bill sagte wieder: *»Ich glaube, ich kann das Auto irgendwie zum Laufen bringen.«* Ich blieb fest: *»Bill, bitte! Lass ihn uns abschleppen!«* Der Mann sagte zu mir:

»Ihr beide steigt in den Lkw, und ich werde den Wagen an den Haken nehmen.« Und als er schließlich in den Abschlepp-Lkw einstieg, da wurde seine Sprache ziemlich schmutzig. Er verfluchte das Wetter. Und ich sagte zu ihm: *»Sie sollten nicht so reden! Sie sollten nicht den Namen des Herrn zu Eitlem aussprechen.«* (Vgl. 2. Mose 20,7.) Wisst ihr, was er zu mir sagte? *»Ich weiß, ich sollte eigentlich wiedergeboren sein. Ich bin 18 Jahre nicht mehr in einer Gemeinde gewesen. Aber vor zwei Monaten begann ich, die Grace Chapel zu besuchen.«* Wir beide hatten nichts von Wiedergeburt zu ihm gesagt. *Er* war derjenige, der den Ausdruck gebrauchte. Er schleppte uns bis in die nächste Stadt. Und der Sturm war so schlimm, dass zwei Tage lang die Straßen gesperrt waren. Wir mussten zwei Tage in einem Motel bleiben. Aber ich kann euch sagen: Da bekommt man wirklich einen Blick für Gott in diesen Umständen. Und wie wunderbar Gebete erhört werden! Man betet – und wenn man fertig ist, ist plötzlich der Abschleppwagen da! Ich werde es nie mehr vergessen. Noch eine Frage?

Frage 4: Bruder MacDonald, Gott hat Sie ziemlich viel Frucht sehen lassen in Ihrem Dienst. Wie bewahren Sie sich da Demut oder wie hat der Herr Sie gedemütigt?

Zuerst einmal: Ich sehe nicht immer sofort sehr viel Frucht. Wenn die Tatsache, dass ich immer noch im Werk des Herrn bin, davon abhängen würde, dass ich sehen kann, dass Seelen gerettet werden, dann hätte ich schon längst das Werk des Herrn verlassen. Das meiste im Werk des Herrn für mich war einfach harte Arbeit, ohne dass ich sofort unmittelbare Ergebnisse gesehen habe. Und manchmal kommen Gedanken wie: »Ich weiß nicht, ob ich nicht vielleicht doch besser aufgeben sollte«, und dann lässt der Herr es zu, dass irgendetwas geschieht, was uns wieder ermutigt. Und dann denke ich: »Ja ich versuche es noch ein bisschen.« Und so ist es mit mir jetzt schon immer gewesen. Eine ganze Menge einsamer Stunden, eine Menge Selbstdisziplin und einfach weitergehen, weil Gott verheißen hat, zu seinem Wort zu stehen. Aber ohne unmittelbare Ergebnisse zu sehen – der Himmel ist sicher der beste Platz, um einmal unsere Ergebnisse zu sehen. Und vor allem der sicherste Platz. So macht es der Herr zumindest mit mir. Ich weiß nicht, ob es eine Ermutigung ist für junge Leute. Aber wir werden aufgefordert, auszuharren. Seid einfach gehorsam dem Herrn gegenüber und überlasst die Ergebnisse ihm. Manchmal wirst du Jahre später von etwas hören. Du hast anscheinend so nebenbei eine Bemerkung fallen lassen, und Gott hat diese Bemerkung gebraucht in einem Leben. Aber bete dieses Gebet ständig: »*Bewahre mich klein und unbekannt, geliebt und gelobt von Christus allein. Und wenn alle Herzen sich beugen und alle Herzen bewegt werden von dem Einfluss des Wortes Gottes, dann verbirg mich hinter dem Kreuz.*« So läuft es, das ist der Weg. Wir sind nichts. Ein Mensch kann nichts tun, es sei denn, dass es ihm von oben gegeben wäre (vgl. Johannes 3,27). Ich kann es euch sehr, sehr aufrichtig und ehrlich sagen: Ich fühle mich sehr losgelöst von den Büchern, die ich geschrieben habe. Manchmal schaue ich »Wahre Jüngerschaft« an und frage mich: »*Habe ich das wirklich geschrieben?*« Nun, es kam so: Ich habe eine Reihe von Vorträgen bei einer Konferenz in Kalifornien gehalten. Und nach der Konferenz eilte ich zurück in mein Zimmer und habe das schnell niedergeschrieben. Und dann wurde plötzlich ein kleines Büchlein daraus. Es war nicht das populärste Buch, das je auf den Markt gekommen ist. Eine Frau sagte zu mir: »*Ich wünschte, Sie hätten dieses Buch nie geschrieben.*« Aber ich habe es noch nie zurückgenommen.

Frage 5: Bruder MacDonald, ich möchte Ihnen eine etwas persönliche Frage stellen und Sie brauchen sie nicht unbedingt zu beantworten, aber ich dachte, vielleicht wäre es interessant für einige jüngere Leute. Sie sind ja nicht verheiratet, und ich möchte gerne wissen, wie der Herr Ihnen klargemacht oder wann er Ihnen und ob er Ihnen klargemacht hat, dass Sie nicht heiraten sollen.

Bitte, zögert ja nicht, irgendeine Frage zu stellen. Und in einer solchen Umgebung ist keine Frage fehl am Platz. Ich habe niemals eine Entscheidung getroffen, nicht zu heiraten. Ich habe niemals ein Zölibats-Gelübde abgelegt. Ich glaube auch nicht daran, dass man irgendwie Gelübde ablegen sollte in Bezug auf Ehelosigkeit. Ich glaube, es ist falsch, das zu tun. Es ist eine der Grausamkeiten des römisch-katholischen Systems, dass sie von den Priestern verlangen, ein zölibatäres Leben zu führen, was wiederum zu furchtbaren Skandalen führt. Was ich getan habe, ist, einfach mein Leben Tag für Tag zu leben, und ich habe versucht, mich wirklich in das Werk des Herrn ganz und gar hineinzubegeben. Ich möchte sehr ehrlich sein mit euch. Wenn es mir nicht gelungen wäre, Tag für Tag für den Herrn völlig beschäftigt zu sein, dann hätte ich das nicht geschafft. Aber ich versuche, das zu praktizieren, was als »Sublimation« bekannt ist.

Und das heißt, starke Triebe, die der Herr in unseren Leib hineingelegt hat, Triebe, die gut sind, zu nehmen und ihnen eine neue Richtung zu geben, in Richtung auf das Werk des Herrn. All diese ganze Energie zu nehmen und sie zu den Füßen des Heilands abzulegen. Das bedeutet, zum Beispiel morgens sofort aus dem Bett zu springen und abends, wenn man ins Bett geht, so müde zu sein von der Arbeit, dass man einfach sofort weg ist und einschläft. So hat es für mich funktioniert. Die Leute meinen, ich würde herumgehen und jungen Leuten raten, sie sollten ja nicht heiraten. Aber das ist weit von der Wahrheit entfernt. Unter speziellen Umständen spiele ich sogar ein wenig Amor. Aber im Augenblick habe ich kein Angebot für irgendjemand hier. Ist die Frage damit beantwortet?

Frage 6: Ich hatte vorhin diese Frage gestellt, wie es ist, wenn da ein Bruder ist, der erkannt hat, eine bestimmte Sache für den Herrn tun zu sollen, und die Ältesten oder die Brüder, die führend sind in der Gemeinde, sind dagegen. Es gab vielleicht auch Gespräche. Sie haben vielleicht auch nicht gerade Argumente, die jetzt von der Bibel her dagegensprechen. Ich fände es schön, Bruder MacDonald, wenn Sie das noch etwas vertiefen könnten: Was tut so ein Bruder in einer solchen Situation?

Und ich muss wiederum sagen, dass es sehr schwierig, wenn man die Fakten nicht kennt. Ich kann vielleicht weiter und ständig dort kratzen, wo es dich überhaupt nicht juckt. Ich weiß sehr wohl, »dass bei der Menge der Ratgeber Heil ist« (vgl. Sprüche 11,14; 24,6). Und wenn eine Person denkt, eine Sache ist richtig, und verschiedene andere Christen meinen, es wäre falsch, dann bin ich schon mal sehr, sehr vorsichtig. Es gibt Situationen im Leben, in denen wir blockiert werden, Dinge zu tun, von denen wir den Eindruck haben, dass sie gut wären. Ich erinnere mich daran, als ich noch an der Emmaus-Bibelschule war, dass wir als Lehrerschaft Entscheidungen getroffen haben, und manchmal ging ich dort in die Besprechung der Lehrerschaft und hatte die tollsten Ideen. Sie waren wirklich gewaltig, meine Ideen. Und ich habe es den anderen erzählt, und sie machten einfach so: Daumen runter. Und ich fühlte mich ziemlich am Boden und zerschmettert. Warum konnten sie das einfach nicht sehen? Jahre später war ich sehr froh, dass sie ihren Daumen nach unten gedreht hatten. Keine lebende Person kann alle Für und Wider gleichzeitig sehen. Natürlich kann es in manchen Fällen sein, dass der Betreffende recht hat. Aber ich werde nicht hier sitzen und jungen Leuten sagen, sie sollen sich gegen ihre Ältesten wenden, solange es Älteste sind, die in Übereinstimmung mit Gottes Wort handeln. Wenn sie sagen, dass ich irgendetwas Lächerliches tun soll, dann würde ich sagen: »*Tut mir leid, aber das werde ich nicht tun!*« Aber ansonsten würde ich ihrem Urteil vertrauen. Aber da natürlich die tatsächlichen Fakten nicht irgendwie hier auf dem Tisch liegen, ist es sehr, sehr schwierig, eine solche Frage zu beantworten.

Antwort des Fragestellers: Ich meinte, wenn es um das Ziel geht, dass einer einfach eine Last hat, die Verlorenen zu erreichen, und eine evangelistische Arbeit machen möchte, die jetzt vielleicht nicht unbedingt mit dem traditionellen Verständnis dieser Brüder übereinstimmt, und wenn dadurch eventuell die ganze Gemeinde gelähmt ist.

Dann muss noch ein anderes Problem vorliegen, denn Christen sind nicht gegen Evangelisation. Es muss einfach mehr sein als das. Gegen Evangelisation zu sein, ist genauso, wie wenn man plötzlich gegen Mutterschaft wäre.

Frage 7: Könnten Sie uns ein Beispiel von Anfechtungen in Ihrem Leben erzählen? Hier ist Anfechtung von außen gemeint, also von Gegnern.

Diesen letzten Sommer haben wir an einem einbändigen Kommentar zum Neuen Testament gearbeitet. Zum ersten Mal wurde der Text auf einem Computer geschrieben. Und dann wurde er vom Computer auf eine andere Art elektronisches Medium übertragen. Und jedes Mal, wenn der Text auf ein anderes Medium übertragen wurde, musste er gelesen und korrigiert werden. Und schließlich ging er zum Schriftsetzer. Und einigen von euch habe ich es bereits erzählt: Es war die frustrierendste Sache, die ich je in meinem Leben getan habe. Wir haben es wirklich mit satanischem Widerstand zu tun gehabt. Wie ich manchen von euch schon erzählt habe: Als wir zum Beispiel eine Seite fertig hatten und die Korrekturen in den Computer eingegeben hatten, da kam die Seite heraus und der Computer hatte von sich aus neue Fehler eingeführt! Mitten in dieser ganzen Arbeit musste ich zu Operationen ins Krankenhaus. Als ich aus dem Krankenhaus herauskam, musste der Herausgeber des Kommentars sich an Krebs operieren lassen, und eine Sache nach der anderen kam dazu. Dr. Robert

Edward Harlow (1908 – 2003, Mitgründer und erster Präsident des *Emmaus Bible College*) und seine Frau arbeiteten mit uns am Schriftsatz. Sie waren jahrelang Missionare im Kongo in Afrika gewesen. Und er sagte: *»Bill, in all meinen Jahren auf dem Missionsfeld habe ich nie eine solche Frustration erfahren wie hier.«* Und weiter: *»Meinst du, das Ganze könnte eine geistliche Dimension haben?«* Mit anderen Worten fragte er also, ob dies ein geistlicher Krieg nach Epheser 6 gegen geistliche Mächte der Bosheit sein könnte. Natürlich war es das. Alles ging daneben und schief. Aber jemand sagte: *»Vielleicht solltest du deshalb mutig werden. Vielleicht sollte das eine Ermutigung sein, denn wenn der Satan so dagegen ist, dann ist das ein Beweis dafür, dass Gott den Kommentar gebrauchen möchte.«* Und ich hoffe, dass das wahr ist. Aber das ist wirklich eine der größten Prüfungen, die ich je in meinem Leben gehabt habe.

Frage 8: Wie kommt es, dass manche Menschen mehr motiviert sind, dem Herrn zu dienen, als andere?

Natürlich hat der Herr gesagt: *»Wem viel vergeben ist, der liebt auch viel!«* (vgl. Lukas 7,41-47). Und ich glaube, dass *»die Liebe Christi uns drängt, indem wir* *so geurteilt haben, dass einer für alle gestorben ist und somit alle gestorben sind«* (2. Korinther 5,14). Aber es stimmt tatsächlich: Manche sind irgendwie höher motiviert als andere. Ich sage das nicht, damit jemand von euch stolz sein soll. Aber wenn wir an einen Deutschen denken, dann haben wir immer die Vorstellung von einem sehr disziplinierten Volk, von einem hart arbeitenden Volk, gutes Material für Missionare, gutes Material für das Werk des Herrn. Und ich würde sicher in dieser Weise junge Leute motivieren. Nicht alle Missionare sind so. Manche haben ständig Urlaub. Ich denke an ein Missionarsehepaar, die zu unserem Trainingsprogramm kamen. Die kleinen Kinder gingen zur Schule. Und eines Tages ließ die Lehrerin all die Kinder erzählen, was ihr Papa tut. Und dann kam dieses junge Mädchen, deren Eltern im Kongo gewesen waren, und die Lehrerin fragte sie: *»Was tut dein Daddy als Beruf?«* – Sie sagte: *»Mein Papa arbeitet nicht, er ist Missionar.«* Sie meinte natürlich, dass er keine weltliche Arbeit tut. Aber leider kam es nicht so aus ihr heraus. Nun, ihr Vater, ich kenne ihn, arbeitet wirklich hart, und er ist ein guter Missionar. Aber es gibt eine Menge Missionare, die besser nicht auf dem Missionsfeld wären.

Frage 9: Im ersten Johannesbrief steht geschrieben, dass es bestimmte Sünden gibt, für die man nicht beten soll, nämlich Sünde zum Tod, für diese soll man nicht bitten. Was ist damit gemeint? Ist damit beispielsweise gemeint, wenn ein Gotteskind in Ehebruch lebt, heißt es, dass man nicht mehr für einen solchen beten soll – oder soll man doch noch für ihn beten?

Ich möchte nur zuerst sagen: Ich mag diese Frage, denn ich mag Fragen, die mit schwierigen Schriftstellen zu tun haben. Wir reden hier über 1. Johannes 5,16. Und wir sollten es aufschlagen, wenn wir eine Bibel dabeihaben.

1. Johannes 5,16: »*Wenn jemand seinen Bruder sündigen sieht, eine Sünde nicht zum Tod, so wird er bitten, und er wird ihm das Leben geben, denen, die nicht zum Tod sündigen. Es gibt Sünde zum Tod; nicht für diese sage ich, dass er bitten solle.*«

Und Vers 17 auch noch: »*Jede Ungerechtigkeit ist Sünde; und es gibt Sünde, die nicht zum Tod ist.*«

Das Erste, was wir klar sehen müssen: Ein Bruder kann sündigen, eine Sünde, die nicht zum Tod ist. Aber im nächsten Teil wird nicht das Wort »Bruder« verwendet. Es ist hier nicht die Rede von einem Bruder, der eine Sünde begeht, die zum Tod ist. Ich meine, es ist wichtig, dass wir das sehen. Es ist hilfreich, den Hintergrund dieses Briefes zu kennen. Die Gemeinde war infiltriert worden von falschen Lehrern, die als Gnostiker bekannt sind. Diese Gnostiker behaupteten, Christen zu sein. Vielleicht waren sie auch getauft. Sie kamen in die Gemeinschaft der örtlichen Versammlung. Aber dann kamen sie an einen Punkt, wo sie die Gottheit Jesu Christi verleugneten. Und manche von ihnen verleugneten die Menschheit Jesu Christi. Und sie verließen dann die Versammlung. *»Sie sind von uns ausgegangen, aber sie waren nicht von uns; denn wenn sie von uns gewesen wären, so würden sie wohl bei uns geblieben sein«* (1. Johannes 2,19). Sie waren also abgefallen. Sie hatten das Christentum wirklich weggeworfen. Sie waren nicht Christen, die irgendwie zurückgeglitten waren. Sie waren Christen dem äußeren Namen nach, die aber in Wirklichkeit vom Glauben abgefallen waren. Petrus war einer, der zurückgeglitten war, aber Judas war ein Abgefallener. Petrus beging eine Sünde, die nicht zum Tod war. Judas sündigte zum Tod. Ich glaube, es ist die gleiche Sünde, die wir in Hebräer 6 und 10 haben, die Sünde des Abfalls vom Glauben. Sie kann von einem wahren Gläubigen nicht begangen werden. Aber sie kann von einem begangen werden, der behauptet, ein Gläubiger zu sein, und der vielleicht sogar in Gemeinschaft mit der örtlichen Versammlung ist.

Aber dann verwirft er Christus und er ist gegen Christus und er verwirft den Glauben ganz. Es hat keinen Zweck, für eine solche Person zu beten. Alles, was man tun kann, ist einfach, ihn mit Gott allein zu lassen. Es ist unmöglich, ihn wieder zur Buße zu erneuern, da er den Sohn Gottes für sich selbst kreuzigt und ihn zur Schau stellt (siehe Hebräer 6,4.6). Und er hat »*den Sohn Gottes mit Füßen getreten und das Blut des Bundes, durch das er geheiligt worden ist, für gemein erachtet und den Geist der Gnade geschmäht*« (siehe Hebräer 10,29). Für ihn gibt es keine Hoffnung. Heute gibt es wirklich Menschen, die nicht gerettet werden können. Wir sagen: Solange es noch Leben gibt, gibt es Hoffnung. Aber ich kenne einen Fall, wo es keine Hoffnung gibt. Ich habe solche Menschen gekannt. Doch mir ist kein Fall bekannt, dass je einer von ihnen irgendwie wieder zum Glauben gekommen wäre. Manche Christen machen sich Sorgen, ob sie vielleicht die Sünde zum Tod begangen haben. Aber wenn sie sie begangen hätten, dann würden sie sich keine Sorgen darüber machen. Diejenigen, die diese Sünde begangen haben, sind völlig gleichgültig darüber. Aber ein wahrer Christ kann sie nicht begehen. Natürlich sollte ich auch fairerweise sagen, dass es *meine* Auslegung dieser Stelle ist, und es gibt viele andere Auslegungen. Ich glaube, es gibt nur *eine* richtige Auslegung. Wenn wir in den Himmel kommen, dann werden wir wissen, welche die richtige ist. Aber das ist meine bestmögliche Auslegung, die ich jetzt geben kann.

Anhang 1
Erinnerungen an William MacDonald
(1917 – 2007)

Nachruf von James G. McCarthy, Mitarbeiter
und enger Freund von William MacDonald,
San Leandro, USA, 2008

60 Jahre lang war »Bill« William MacDonald ein empfohlener Arbeiter im Werk des Herrn, ein Lehrer, Prediger und Autor von 84 Büchern, zu denen der Kommentar zum Alten und Neuen Testament gehört. Er war ein Mann, der viel sagte und viel schrieb. Aber bei denen, die ihn kannten, hinterließ sein Leben den größten Eindruck.

Über den Herrn Jesus sagt die Bibel: »*Wer sagt, dass er in ihm bleibe, ist schuldig, selbst auch so zu wandeln, wie er gewandelt ist*« (1. Johannes 2,6). Bill schrieb in seinem Kommentar dazu:

»*Sein Leben, wie es uns in den Evangelien vorgestellt worden ist, ist unser Vorbild und unsere Lei-*

tung. Dieses Leben können wir nicht aus eigener Kraft führen, sondern nur in der Kraft des Heiligen Geistes. Unsere Verantwortung besteht darin, Jesus unser Leben ohne Vorbehalte zu übergeben und ihm zu erlauben, sein Leben durch und in uns auszuleben.«

Wahre Jüngerschaft

1962 schrieb Bill das Buch »Wahre Jüngerschaft«, eine Zusammenfassung von dem, was es heißt, so zu leben, wie unser Herr Jesus gelebt hat. Im Vorwort schrieb er:

»Dieses Büchlein ist ein Versuch, einige Grundsätze neutestamentlicher Jüngerschaft darzustellen. Manche von uns mögen diese Prinzipien seit Jahren dem Wortlaut nach gut kennen, kamen dann aber wohl zu dem Schluss, dass man sich in unserem komplizierten Zeitalter an solch extreme und unpraktische Anweisungen doch nicht halten kann. ›Und so passten wir uns der Kälte unserer geistlichen Umgebung an.‹

Dann jedoch trafen wir mit einer Gruppe junger Gläubiger zusammen, die es sich in den Kopf gesetzt hatten, zu beweisen, dass die Bedingungen Jesu für die Jüngerschaft nicht nur äußerst praktisch, sondern die einzigen Voraussetzungen überhaupt sind, unter denen die Evangelisierung der Welt je erreicht werden kann.

Wir sind diesen jungen Leuten sehr verpflichtet, weil sie uns ein lebendiges Beispiel für viele der im Folgenden aufgeführten Wahrheiten gegeben haben.

Obwohl unser eigenes Leben diesen Prinzipien sehr oft noch nicht entspricht, möchten wir sie doch aufzeigen, weil wir uns ihre Verwirklichung in unserem Leben so sehr wünschen.«

Dann führte Bill sieben Bedingungen der christlichen Jüngerschaft an.

1. Alles übersteigende Liebe zu Jesus Christus
2. Verleugnung unseres Ichs
3. Wohlüberlegte Wahl des Kreuzes
4. Ein Leben in der Nachfolge Christi
5. Innige Liebe zu allen, die Christus gehören
6. Stetes Bleiben in seinem Wort
7. Alles aufgeben, um ihm zu folgen

Bill fühlte sich durch diese scheinbar unmöglichen Bedingungen herausgefordert und schrieb:

»Der Schreiber dieses Büchleins ist sich darüber im Klaren, dass er sich selbst durch diese Aufstellung als einen unnützen Knecht verurteilt. Sollte aber Gottes Wahrheit durch das Versagen des Volkes Gottes für immer verschwiegen werden? Ist es nicht wahr, dass die Botschaft immer größer ist als der Botschafter selbst?«

Die Botschaft ist wirklich größer, aber in diesem Fall war auch der Botschafter bemerkenswert.

Ein Besuch in seinem Apartment

Vielleicht kann ich euch Bills Leben am besten beschreiben, wenn ihr mich bei einem Besuch in seine Wohnung begleitet. Hier hat er die letzten 35 Jahre seines Lebens gewohnt. Das Gebäude ist unbedeutend, wenn man nicht weiß, dass der Mieter von Wohnung Nr. 7 einen Universitätsabschluss in Wirtschaft hatte und einmal Investitionsberater für die First National Bank in Boston war. Bei so einem Mann würde man erwarten, dass er in einem geräumigen Heim in einer gehobenen Gegend wohnt, nicht in einem Zweizimmer-Apartment an einer stark befahrenen Straße. Die Stahlabdeckung der Klingelanlage, die man benutzen muss, um in den Eingangsbereich zu kommen, ist neu. Wenn wir vor zwei oder drei Jahren zu Besuch gekommen wären, wäre uns aufgefallen, dass der Klingelknopf für Bills Apartment ersetzt worden war. Seine vielen Besucher hatten ihn frühzeitig abgenutzt.

Wenn du nun durch die Eingangstür in den Vorraum eingetreten warst und dich der Treppe zugewandt hattest, kamst du auch an den Briefkästen vorbei. Obwohl sie bequem zu erreichen waren, erhielt Bill seine Post nie hier. Er zog es vor, dass sie in die *Fairhaven Bible Chapel* zugestellt wurde, ein paar Straßen weiter. Täglich fuhr er in Fairhaven vorbei, begrüßte die Sekretärinnen und holte seine Post ab. Er hatte geholfen, dort das *Discipleship Intern Training Program* zu beginnen, hatte 21 Jahre dort gelehrt und Dutzende von Männern für Christus ausgebildet.

Nachdem man die Treppe zum ersten Stock hinaufgestiegen war, sah man Bill schon am Ende des Gangs an der Tür seiner Wohnung mit einem Lächeln warten. Er begrüßte die Besucher mit einem Handschlag und diejenigen, die er besser kannte, mit einer Umarmung. Manche werden unfreundlich oder verbittert, wenn sie älter werden – nicht so Bill. Er wurde immer warmherziger und mitfühlender, mehr wie Christus.

Die Küche

Wenn du seine Zweizimmer-Wohnung betratst, sahst du links eine kleine fensterlose Küche. Wäh-

rend andere in den letzten 35 Jahren Tausende
von Euro ausgegeben haben, um ihre Küche neu
zu gestalten, blieb Bills Küche gleich – Herd,
Spülbecken, Kühlschrank, Arbeitsfläche – gerade genug Platz, damit eine Person dort kochen
kann. »Das genügt«, hatte er immer gesagt. Wie
gern hat er dort für sich und seine Gäste gekocht
und dann vollständige Mahlzeiten mit Nachtisch
serviert. Wenn es im Himmel eine Belohnung für
den Ledigen gibt, der am gastfreundlichsten war,
würde Bill sie bestimmt bekommen.

In der Küche konnte man außerdem einen kleinen Tisch sehen, der an die Wand gerückt war. An
jeder Stirnseite stand ein Stuhl, und zwei Stühle

standen an der Längsseite. Eine Schulklasse hatte den Tisch im Werkunterricht für ihn gemacht. Darüber hing ein großer Kalender und eine schottische Distel aus Glas. Obwohl Bill in Massachusetts geboren wurde, war sein Herz in Schottland, wo seine Eltern herkamen. In seiner Kindheit hatte Bill dort auf der Insel Lewis and Harris ein prägendes Jahr verbracht.

Auf dem Küchentisch sahst du einen kleinen Stapel Karteikarten. Wenn du sie untersuchst, findest du auf einer Seite einen Bibelvers, auf der anderen Seite die Stellenangabe dazu. Nach einer gemeinsamen Mahlzeit lud Bill seine Gäste gerne dazu ein, eine Karte zu ziehen, den Text zu lesen und zu versuchen, das Buch, das Kapitel und den Vers aus dem Gedächtnis anzugeben. Er selbst kannte sie natürlich alle.

Das Wohnzimmer

Weiter ging es in sein Wohnzimmer. Dort konntest du feststellen, dass es in zwei Bereiche unterteilt war. Jeder maß ungefähr 2,50 Meter mal 3 Meter. Der Teil direkt neben der Küche war mit drei Sesseln, zwei Buchregalen und einer kleinen elektronischen Orgel ausgestattet. Bill hätte dir hier Tee serviert, und du hättest mit ihm über den Herrn reden können. Wenn er abends allein war, spielte er gerne ein paar Minuten lang Lieder für den Herrn. Er spielte nach Gehör und kannte den Text von Hunderten von Liedern auswendig. Wegen eines Zitterns in seiner Hand konnte er in den letzten Jahren nicht mehr musizieren.

Auf den beiden Buchregalen konntest du seine persönliche Bibliothek ansehen. Er hatte sie auf diesen kleinen Raum beschränkt. Wenn er neue Bücher bekam, bedeutete dies, dass er alte weitergab, meist an eifrige junge Brüder. Er scherzte gern über seine jungen Jahre. Damals hatte er eine schön gebundene Serie von den vollständigen Werken von John Nelson Darby. Durch den Besitz fühlte er sich geistlich und intelligent, und er erzählte gerne anderen von seinem Schatz, bis ein eifriger Jünger ihn fragte: »Hast du sie jemals gelesen?« Er gab zu, dass er sie nicht gelesen hatte. Darby war gut, aber schwer zu verstehen. So verkaufte er sie bald darauf und verwendete das Geld im Werk des Herrn.

Jetzt wäre dir aufgefallen, dass der zweite Teil des Raums wie ein Rechteck eingerichtet war. An der hinteren Wand war das einzige Fenster des Raums. Wenn man dort hinausschaute, blickte man auf einen Parkplatz. Nichts Interessantes war dort. Auf der anderen Seite des Gebäudes war die

Feuerwache der Stadt. Bill sagte, dass die Sirenen ihn nicht weiter störten. Er hatte die Kunst erlernt, sich nicht über solche Kleinigkeiten aufzuregen. Er hatte etwas Wichtigeres zu tun.

Drei Schreibtische vervollständigten das Rechteck, zwei lange an jeder Wand und ein kürzerer an der Vorderseite seines Arbeitsplatzes. So war genug Platz, um seitlich an ihnen vorbeizugehen. Wenn Bill zu Hause war, verbrachte er die meiste Zeit hier. Den Tisch auf der rechten Seite benutzte er zum Bibelstudium – es war ein Türblatt, getragen von zwei Aktenschränken. Auf einem Regal darüber waren die Nachschlagewerke und sieben oder acht verschiedene Übersetzungen der Bibel. Bills Lieblingsübersetzung war die King James, aber viele Jahre lehrte er aus der New American Standard Version. Ein Jahr lang hat er nur die New International Version benutzt, um sie besser kennenzulernen. In späteren Jahren entschied er sich für die New King James. Von jeder Übersetzung konnte er die Stärken und Schwächen erläutern, und er ermahnte die jungen Brüder, sich aus dem Streit herauszuhalten, der darum tobt, welche Übersetzung die beste sei. Sein ganzes Leben lang hatte Bill sich um Ausgewogenheit bemüht. Wenn jemand seine Interpretation der Schrift angriff, hörte er höflich zu und zitierte dann Harry Ironside, der gesagt hatte: »*Lieber Bruder, wenn wir in den Himmel kommen, werden wir herausfinden, dass sich einer von uns geirrt hat, und vielleicht werde ich das sein.*«

Bill konnte sehr wenig Griechisch oder Hebräisch. Als junger Mann hatte er sich das Ziel gesetzt, die englische Bibel zu beherrschen, und das füllte seine Zeit. Er kannte sie so gut wie ein Gelehrter. Er konnte lange Abschnitte der Bibel zitieren – eine Fähigkeit, die der Herr ihm gegeben hatte. Nachdem er das Studium eines Abschnitts abgeschlossen hatte, kannte er ihn meist auswendig, ohne viel Aufsagen und Wiederholung.

Auf dem Schreibtisch, an dem Bill studierte, hatte er auch ein Telefon mit Fax. Man war bei ihm meist nicht lange zu Besuch, bis ein Anruf die Unterhaltung unterbrach. Die Anrufe kamen aus aller Welt. Gewöhnlich rief ein Ältester an, um wegen eines Problems in seiner Gemeinde Rat zu suchen.

Auf der linken Seite fand man einen ähnlichen Schreibtisch, mit einem Computer und Monitor. Hier schrieb Bill. Im Alter von 80 Jahren hatte er 80 Bücher verfasst. Mit einem Lächeln sagte er: »Ein Buch für jedes Jahr meines Lebens, obwohl ich nicht angefangen habe, als ich ein Jahr alt war.« Er vollendete sein vierundachtzigstes Buch kurz

vor seinem einundneunzigsten Geburtstag – ein neuer Kommentar zu den Sprüchen.

Bill war anpassungsfähig. Seinen ersten Computer bekam er 1982 mit 65 Jahren. Er verstand nie so richtig, wie das Ding funktionierte. Zum Beispiel verwirrte ihn der Unterschied zwischen einem Dokument und einem Ordner auf dem Computer. Aber das war kein Hindernis für ihn. Ihm war klar, dass diese Technologie seine Arbeit für den Herrn vorantreiben würde, und so entschied er sich, sie zu benutzen. Mit der Hilfe von

Freunden und einer Sammlung von Anweisungen, die er an den Bildschirm geklebt hatte, schaffte er es.

Auf dem dritten Tisch, einem Klapptisch aus Alu, fand man Bills Schreibmaschine und einen Stapel Briefe. Oft würde Bill 10 oder 20 Briefe pro Woche beantworten. Besonders in seinen letzten Jahren war das eine Last, aber er fand keine Ruhe, bis jeder Brief beantwortet war und er sich für jede Gabe bedankt hatte.

Die Stunden in seiner Wohnung füllte Bill mit Studium und Schreiben. In einem unveröffentlichten Manuskript schrieb er: »Der größte Teil meines christlichen Lebens war harte Arbeit, beständiges Streben, Routine, Verpflichtungen und viele einsame Stunden. Es gab Zeiten, in denen ich mich fragte, ob überhaupt irgendetwas erreicht würde. Wenn ich daran dachte, aufzugeben, schickte der Herr etwas Ermutigung, die mich antrieb, wieder etwas weiterzumachen.« Es gab nichts, was ihn mehr ermutigte, als wenn er mit der Post ein Exemplar seines Kommentars erhielt, frisch in eine weitere Sprache übersetzt.

Jetzt verlassen wir das Wohnzimmer und betreten Bills Schlafzimmer. Die Möbel sind billig und veraltet, ein Bett, zwei kleine Regale mit seinen Büchern zum Verschenken, ein Spiegeltisch und ein Nachttisch mit einem Buch darauf. Viele Jahre las er sich in den Schlaf. In den letzten beiden Jahren ließen das seine Augen nicht mehr zu. »Das Zelt wird schon abgebaut«, sagte er dazu.

Bill sah sich gern die Nachrichten an. Niemals ging er ins Kino oder Theater – hauptsächlich, um seine Mutter zu ehren, wie er erklärte. Sie sah darin keinen Wert. Gelegentlich sah er einen christlichen Film auf DVD. Sein Lieblingsfilm war »Die Stunde des Siegers«, die Geschichte eines christlichen Athleten – eines Schotten natürlich!

Im Kleiderschrank fand man nicht viel. Bill war immer sauber gekleidet, aber er gab wenig Geld für Kleidung aus. Dort stand auch sein Koffer. Er hatte ihn über 50 Jahre lang benutzt. Das war alles, was er zum Reisen brauchte. Er reiste mit leichtem Gepäck, aber er reiste weit, umrundete die Welt und lehrte die Bibel.

Natürlich würdest du Bill nicht treffen, wenn du jetzt die Wohnung mit der Nummer 7 aufsuchst. Am Weihnachtstag 2007 ging Bill zum

Herrn Jesus heim. Er hinterließ wenig von irdischem Wert. Du musst verstehen: Der ehemalige Investitionsberater hatte kein Aktienpaket, keinen Besitz, überhaupt keine Investitionen irgendwelcher Art auf dieser Erde. Alles, was er besaß oder bekam und nicht für seine täglichen Bedürfnisse brauchte, hatte er weitergegeben. Wir haben aber noch die Bücher, die er geschrieben hat. Dafür können wir Gott danken. Wir haben noch die wertvollen Erinnerungen an sein Vorbild, das er uns hinterlassen hat. Aber Bill ist nicht mehr unter uns, und wir vermissen ihn furchtbar. Er hat uns so an den Herrn Jesus erinnert.

Anhang 2
Nimm mein Leben

Mit Dank für das Leben von William »Bill« MacDonald

Als fünfjähriger Junge war William MacDonald schwer an Diphtherie erkrankt und entkam nur knapp dem Tod. In seinem Kommentar beschreibt William MacDonald, dass ein gottesfürchtiger Onkel seine Familie besuchte und behauptete, dass der Herr direkt zu ihm gesprochen hatte durch die letzten drei Verse von Psalm 91. Bill schreibt, wie sich diese Vorhersage erfüllt hat: »Der Herr hat mich in dieser Nacht vom Tod errettet, er hat dreizehn Jahre später meine Seele gerettet, und er hat mich mit einem langen Leben gesättigt.«

Bill wuchs in einer gottesfürchtigen Familie auf. Seine Mutter brachte ihm die Liebe zur Bibel bei sowie das Auswendiglernen von Versen und Glaubensliedern. Wo auch immer er predigte, zitierte er aus diesen Liedern, die er so gut kannte.

Als er 18 Jahre alt war, begann der Herr in seinem Herzen zu wirken. Er kannte das Evangelium, aber er war ein braves Kind und hatte keine auffallenden Sünden. Aber er kannte die Freude der Vergebung nicht und wusste, dass seine Beziehung zu Gott nicht in Ordnung war. Er dachte über dieses Problem nach und entdeckte, dass sein Wesen viel schlimmer war als die Taten, die er gemacht hatte. Schließlich verurteilte er sich selbst vor Gott und vertraute sich dem Retter der Sünder an. Später zitierte er den Liedvers: »Der Dank für diese Liebe hier kann nur mein eigenes Leben sein.« Und so gab er sein Leben dem Herrn und hatte nie aufgehört, über die wunderbare Liebe des Herrn zu staunen.

Nachdem Bill sein Studium an der Harvard Business School abgeschlossen hatte, wurde er ein Investment-Analyst für die First National Bank in Boston. Seine Erfahrungen in der Finanzwelt erfüllten ihn nie. Der Herr wollte Bills Leben ganz. Dadurch wurde Bill schließlich einer der größten Fachleute für Investitionen – und zwar für Schätze im Himmel, nicht für Schätze auf der Erde. Er hatte eine klare Sicht für die Ewigkeit, nicht nur für die Dinge auf der Erde.

Während seiner vier Jahre in der Marine war Bill auch eine Zeit lang auf Hawaii stationiert.

Eines Tages bekam er dort ein Buch in die Hand, eine Biografie über C. T. Studd. Er las dieses Buch in einem Zug durch, und der Herr beunruhigte ihn durch das Lebensmotto von Studd: »Wenn Jesus Christus Gott ist und für mich starb, dann kann mir kein Opfer für ihn zu groß sein.« An diesem Abend übergab Bill sein Leben völlig in die Hand des Herrn Jesus, mit der Bereitschaft, ihm ganz zu dienen. In einem Lied heißt es so: »Nimm mein Leben, Jesu, dir übergeb ich's für und für.« Bill hat dem Herrn Jesus über sechs Jahrzehnte treu gedient.

Nachdem Bill aus der Marine entlassen worden war, wurde er eingeladen, auf der *Emmaus Bible School* zu unterrichten. Die Mittel waren knapp, und der Direktor fragte scherzhaft: »Möchtest du kommen, um mit uns zusammen zu hungern?« Bill diente dort 18 Jahre lang, sechs davon als Leiter der Bibelschule. Die Bekanntschaft mit einem jungen Bruder, George Verwer, prägte ihn und veränderte sein Leben. George und seine jungen Freunde brannten für den Herrn Jesus, und sie beteten nächtelang für Weltmission. Bill liebte diese Treffen. Seine Gemeinschaft mit diesen eifrigen jungen Leuten beeinflusste Bill, weil sie alles aufgaben, um Jesus nachzufolgen. Er wollte wie sie leben und schrieb über sie in seinem Buch

»Wahre Jüngerschaft«. Bill erkannte langsam, was es bedeutet, alles für den Herrn Jesus zu geben.

Später beendete Bill seine Aufgaben an der *Emmaus Bible School* und reiste sieben Jahre lang um die Welt, indem er die Bibel lehrte, Menschen ausbildete und alles für den Herrn gab. Auf diesen Reisen erkannte Bill, wie wichtig es ist, Leiter für die Gemeinden auszubilden. Er dachte darüber nach, wie dies umgesetzt werden kann, und plante, ein entsprechendes Training anzubieten. Zurück in den USA sprach er mit Jean Gibson darüber, und dieser verließ schließlich seine weltliche Arbeit für das Werk des Herrn. Zusammen gründeten sie das DITP (*Discipleship Intern Training Program* – Jüngerschaftstraining-Programm). Das Training war für eine kleine Gruppe, dauerte neun Monate und umfasste alle Bereiche, mit denen sich ein Ältester auseinandersetzen muss. Außerdem wurde die gesamte Bibel gelehrt. Dort lehrte und trainierte Bill Männer, 23 Jahre lang. Während dieser Zeit schrieb Bill die meisten seiner Bücher sowie den Kommentar zum Alten und Neuen Testament.

Er lebte 35 Jahre lang im selben Schlafzimmer, verlangte keine Prozente vom Verkauf seiner Bücher. Alles, was er nicht zum Leben brauchte, schüttete er großzügig ins Werk des Herrn. Er unterstützte Missionare auf der ganzen Welt, die Verbreitung des Evangeliums, Gemeindegründungen sowie Hunderte von einzelnen Arbeitern.

Bill bewunderte die tiefe Liebe des Herrn Jesus zu ihm. Diese Liebe bewegte Bill, alles für den Herrn zu geben.

Don Robertson, Castro Valley, 2008

Don Robertson hat das DITP in den Jahren 1979 – 1980 besucht. William MacDonald hat ihn später gebeten, bei der Durchführung dieses Jüngerschaftstraining-Programms mitzuhelfen. So hat Don elf Jahre lang mit William MacDonald und Jean Gibson zusammen gelehrt.

William MacDonald

Wahre Jüngerschaft

128 Seiten, Taschenbuch
ISBN 978-3-89397-499-3

Ein Nachfolger Jesu, ein Jünger, zu sein, ist nicht der
bequemste Weg durchs Leben. Jüngerschaft ist kompro-
misslose Hingabe, ist ein Kampf, der allen Einsatz kostet – und lohnt. Klar und ohne Abstriche stellt der Autor
die biblischen Aussagen in den aktuellen Bezug unseres
Alltags. Die Herrschaft Jesu soll konkret werden. Das ist
es, was Jüngerschaft letztlich auszeichnet. Wer Gott so
zur Verfügung steht, lebt zu seiner Ehre und wird auch
anderen Menschen zum Segen.

Dieses Buch gibt es auch als Hörbuch:
Jewelcase, 3 Audio-CDs,
220 Minuten Laufzeit
ISBN 978-3-86699-901-5

William MacDonald

Seiner Spur folgen

Anleitung zur Jüngerschaft

432 Seiten, Paperback

ISBN 978-3-89397-988-2

William MacDonald hat in über 80 Publikationen vermittelt, was ihm beim Studium des Wortes Gottes wichtig wurde. In seinem lebendigen, aber doch leicht verständlichen Sprach-Stil forderte er unermüdlich dazu auf, mit ganzem Herzen und ganzer Hingabe den Fußspuren dessen zu folgen, der sein Leben für uns gab.

In diesem Handbuch, das eine Fülle von hilfreichen Ratschlägen und Anleitungen enthält, werden alle Aspekte der Jüngerschaft und Nachfolge beleuchtet. Es geht um Themen wie: »Die revolutionären Lehren Jesu«, »Nur das Beste für Gott«, »Die Herausforderung persönlicher Evangelisation«, »In Reinheit leben«, »Die tägliche Zeit mit Jesus« …

Ein sehr wertvolles, umfassendes Werk sowohl für solche, die Jünger werden wollen, als auch für jene, die andere zur Jüngerschaft anleiten möchten.

Peter Lüling

Seiner Spur folgen – Arbeitsbuch

Anleitung zur Jüngerschaft

128 Seiten, Paperback
ISBN 978-3-86699-235-1

Dieses Arbeitsbuch von Peter Lüling soll helfen, die einzelnen Lektionen von »Seiner Spur folgen – Anleitung zur Jüngerschaft« von William MacDonald zu vertiefen und konkrete, praktische Hilfen für die Anwendung des Gelernten zu finden. Es möchte anregen, persönlich oder in Gruppen tiefer über Jüngerschaft nachzudenken, um immer mehr in das Bild des Sohnes Gottes, des größten aller Vorbilder, umgestaltet zu werden. »Was nicht zur Tat wird, hat keine Kraft!«, sagte einmal jemand. In diesem Sinne möchte dieses Arbeitsbuch ermutigen, Täter des Wortes Gottes zu werden.

William MacDonald

Kommentar zum AT

**Kommentar zum
Alten Testament**

1184 Seiten, Hardcover
ISBN 978-3-89397-657-7

Bei diesem Kommentar geht es dem Autor vor allem
darum, Zusammenhänge der Schrift zu verdeutlichen,
die Gedanken Gottes darzulegen und so Auslegung
mit Auferbauung zu verbinden. Daher sind die Ausführungen stets praxisbezogen und erfrischend zu
lesen. Schwierige Bibelstellen werden nicht einfach
übergangen, sondern ausführlich erklärt, und wichtige
Themen werden in Exkursen behandelt. Die Kommen-
tare zum Text werden durch praktische Anwendungen
geistlicher Wahrheiten und, wo angemessen, durch
typologische Studien ergänzt. Abschnitte, die auf den
kommenden Erlöser hinweisen, werden hervorgehoben
und eingehender behandelt. Die Psalmen, die Sprüche
und das Buch Prediger werden Vers für Vers behandelt,
zum einen, weil sie sich nicht leicht zusammenfassen
lassen, zum anderen, weil die meisten Gläubigen sie
eingehender studieren möchten.

William MacDonald

Kommentar zum NT

Kommentar zum
Neuen Testament

1504 Seiten, Hardcover
ISBN 978-3-89397-378-1

Bei diesem Vers-für-Vers-Kommentar geht es dem
Autor vor allem darum, die Person Jesu Christi groß
zu machen, Zusammenhänge der Schrift zu verdeutlichen, die Gedanken Gottes darzulegen und so Auslegung mit Auferbauung zu verbinden. Daher sind die
Ausführungen stets praxisbezogen und erfrischend
zu lesen. Schwierige Bibelstellen werden nicht einfach
übergangen, sondern ausführlich erklärt, und wichtige
Themen werden in Exkursen behandelt.